무라야마 하루나 村山 春奈

1985년 3월 2일생으로 2004년 클럽 하리에 히무레 카페에서 아르바이트로 근무하다 2005년 클럽 하리에에 입사하여 정식으로 근무 중이다. 2006년 직원에서 바리스타로 전향했다. 2008년 '일본 바리스타 챔피언십' 7위에 입상한 계기로 콘테스트에 도전하여 2010년 '일본 라떼아트 챔피언십'과 '세계 라떼아트 챔피언십'에서 우승하면서 세계적인 바리스타가 되었다.

옮긴이 이서연

이화여자대학교 사회학과를 졸업하고 컨텐츠 라이터로 근무하다 번역에 매력을 느껴 현재 출판번역가로 활동 중이다. 역서로 《아기피부 세안법》, 《자세만 고쳐도 통증은 사라진다》, 《365일 자전거 다이어트》, 《옷이 인생을 바꾼다》, 《Land Land Land - 여행 A to Z》, 《집을, 짓다》, 《당신의 성공은 수요일에 결정된다》 등이 있다.

생활 속 작은 사치를 만나다

"탐나는 스타일" 시리즈

- 트렌디한 푸드, 패션, 뷰티, 인테리어 아이템을 소개합니다.
- 최소 비용으로 최대 효과를 낼 수 있는 팁을 담았습니다.
- 남다른 안목을 가진 각 분야 최고의 저자를 라인업합니다.

※《탐나는 시리즈》가 더 궁금한 분은 블로그를 방문해주세요.
탐나는 스타일 블로그 : blog.naver.com/verytam

하루나의 "타는" 라떼아트

JOSHI LATTE ART CLUB
by SHUFUNOTOMO CO., LTD
Copyright © 2010 by SHUFUNOTOMO CO., LTD
All rights reserved.
Original Japanese edition published by Shufunotomo Co., Ltd.
Korean translation rights © by Vision B&P
Korean translation rights arranged with Shufunotomo Co., Ltd., Tokyo
through EntersKorea Co., Ltd., Seoul, Korea

이 책의 한국어판 저작권은 ㈜엔터스코리아를 통한 일본의 Shufunotomo Co., Ltd.와의 독점 계약으로 Vision B&P가 소유합니다.
신 저작권법에 의하여 한국 내에서 보호를 받는 저작물이므로 무단전재와 무단복제를 금합니다.

Latte art

하루나의 탐나는 라떼아트

작은 컵 속에 담긴
순간의 예술

무라야마 하루나 감수 | 이서연 옮김

이덴슬리벨

Contents

Part 1 라떼아트를 시작하기 전에

1 에스프레소 머신의 명칭과 사용법을 배워볼까요 · 10
2 준비해볼까요 · 12
3 에스프레소를 추출해볼까요 · 13
4 스팀밀크를 만들어볼까요 · 14
5 도구를 갖추어볼까요 · 19
6 기본 테크닉을 익혀볼까요 · 20

Part 2 기초 라떼아트

1 스마일 · 30
2 하트 · 32
3 잎 · 34
4 메시지 · 36
5 여자아이 · 38
6 달과 별 · 40
7 버섯 · 42
8 네 개의 하트 · 44
9 튤립 · 46
10 백조 · 47

Latte art talk 1
라떼아트 업그레이드 하기 · 50

Part 3 동물 라떼아트

1 개구리	• 52
2 고양이	• 54
3 거북이	• 56
4 곰	• 58
5 병아리	• 60
6 치와와	• 62
7 퍼그	• 62
8 판다	• 64
9 토끼	• 65

Latte art talk 2
바리스타란? • 63

Part 4

아이디어 라떼아트

1 버찌	• 70
2 클로버	• 70
3 꽃	• 72
4 러시아 목각인형 마트료시카	• 74
5 금붕어	• 76
6 해골	• 78
7 딸기	• 80
8 순록	• 82
9 이름표	• 82
10 하트로 된 원	• 84
11 하트로 된 줄기	• 84
12 화환	• 86
13 크리스마스트리	• 86
14 달팽이	• 88
15 막내 치이	• 90
16 차녀 스우	• 91
17 장녀 후우	• 91

Latte art talk 3
세계 라떼아트 챔피언십 • 94

Part 5 시럽아트

1 눈송이 •96
2 꽃 •98
3 풍차 •100
4 불꽃 •100
5 나선 •102

에스프레소 머신에 대해 •104
파드커피에 대해 •105
DVD 보는 방법 •110

세계 라떼아트 챔피언십 2010 우승 작품
cherry blossoms & willows

일본의 봄

하루나 씨가 근무하는 '클럽 하리에 히무레 카페'가 있는 시가현 오미하치만시는 아즈치모모야마 시대(1568년에서 1603년까지 오다 노부나가와 도요토미 히데요시가 정권을 장악한 시대 - 옮긴이)에 도요토미 히데쓰구가 구축한 하치만 산성이 내려다보이는 마을입니다. 가게 근처에는 '오미하치만의 수향(水鄕, 물가 마을)' 중 하나로 알려진 하치만 수로가 흐르고 있습니다.

'일본의 봄'은 이 하치만 수로를 둘러싼 봄의 정경을 형상화한 작품입니다. 분홍빛이 감도는 생크림을 이용하여 하트를 변형해 만개한 벚꽃을 표현하고, 거꾸로 그린 잎으로 수양버들을 표현하여 애틋한 정서가 물씬 풍겨납니다.

Part 1
라떼아트를 시작하기 전에

before starting latte art

라떼아트에 필요한 재료는

에스프레소 위에 뜨는 황색 거품인 **크레마**와 고운 **우유 거품**입니다.

먼저 이 재료를 **준비**하는 방법과 **기본 테크닉**을 익혀야 합니다.

 **에스프레소 머신의 명칭과 사용법을 배워볼까요**

우선은 에스프레소 머신의 명칭과 사용법을 익혀봅시다.
원두커피를 분쇄하여 개별 포장한 파드커피를 사용하면 손쉽게 에스프레소를 추출할 수 있습니다.

전원 버튼
에스프레소 머신에 전원을 넣는 버튼. 이 기기에서는 ON/OFF 로 표시됩니다.

추출 버튼
에스프레소를 추출하는 버튼. 추출을 종료할 때도 이 버튼을 누릅니다.

홀더
여기에 파드커피를 끼웁니다. 분말커피의 경우에는 전용 홀더를 설치합니다.

컵받침
여기에 컵을 놓고 추출된 에스프레소를 받습니다. 이 기기의 경우에는 두 잔을 동시에 추출할 수 있습니다.

증기 버튼
라떼아트에 꼭 필요한 스팀밀크를 만들기 위해 증기를 내는 버튼입니다.

물통
에스프레소를 추출하기 위한 물을 넣는 통. 기기의 측면에 설치된 경우도 있습니다.

증기 밸브
고운 우유 거품을 만들 때 노즐을 통해 증기의 양을 조절하기 위한 손잡이입니다.

노즐
여기서 분출된 증기로 우유에 거품을 냅니다. 실제로 우유 속에 넣는 부분이므로 청결하게 관리하세요.

이 책에서는 파드커피를 사용하고 있습니다!

파드커피란 한 잔 분량의 원두를 최적의 상태로 갈아 종이필터에 담은 커피를 말합니다. 초보자도 기기에 끼우기만 하면 집에서도 손쉽게 커피를 즐길 수 있습니다. 이 책에서는 에스프레소 머신용 파드커피(직경 44mm)를 사용합니다.

파드커피는 이래서 좋아요!
1. 누구나 집에서도 손쉽게 커피를 즐길 수 있습니다
2. 마시고 싶은 양만큼 추출하므로 낭비가 없습니다.
3. 커피가루가 날리지 않아 뒷정리도 간단합니다.
4. 질소가스가 담겨 선도가 오래 유지됩니다.

이 책에서 사용하는 상품은 디바이스 스타일 TH-W020입니다.
에스프레소 머신 가이드(p. 104)에서 다시 소개합니다.

준비해볼까요

앞서 소개한 기종을 기준으로 에스프레소 머신을 조립하는 순서를 소개합니다.
기종이 다르더라도 기본적인 사용법은 같습니다.

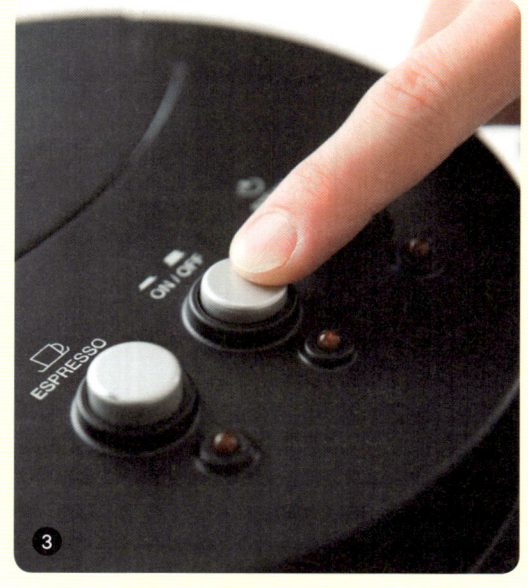

1 물통의 뚜껑을 열고 물을 넣는다. 물은 수돗물이면 충분하지만 광천수를 사용하는 경우에는 연수가 가장 적합하다.

2 규정량의 물을 넣고 뚜껑을 닫는다. 기기에 따라서는 물통이 측면에 설치된 경우도 있다.

3 전원 버튼을 누르고 점등을 확인하면 준비 완료. 물을 따르기 전에 전원을 켜면 위험하므로 조립하는 순서를 반드시 지키자.

3 에스프레소를 추출해볼까요

크레마가 뜨는 에스프레소는 라떼아트를 만들기 위한 필수조건입니다.
파드커피를 사용하면 간단히 추출할 수 있어요.

1 파드커피를 포장에서 꺼내 에스프레소 머신 홀더에 넣는다. 파드커피가 빠져나오지 않도록 유의한다.

2 기기의 본체에 홀더를 끼우고 돌려 고정한다. 이때 확실히 고정하지 않으면 추출할 때 물이 새는 원인이 되므로 주의!

3 컵받침 위에 컵을 놓고 추출 버튼을 누른다. 에스프레소 한 잔 분량에 해당하는 30cc 정도를 추출하면 다시 버튼을 누르고 종료한다.

무스 상태의 크레마가 생기면 성공!

4 스팀밀크를 만들어볼까요

부드러운 스팀밀크도 일단 요령을 터득하면 간단히 만들 수 있습니다. 얼른 연습해보자고요!

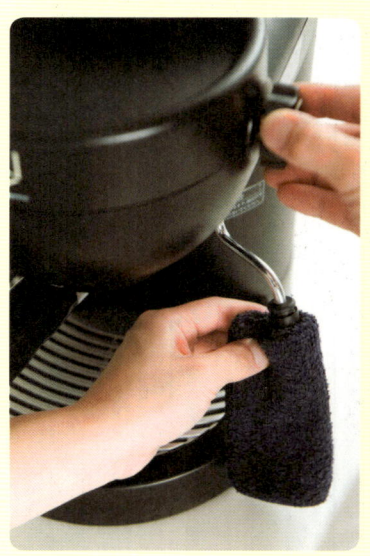

1 우선 노즐을 수건으로 감싸고 증기 버튼을 누른 다음에 증기 밸브를 완전히 열어 공회전을 시킨다. 증기가 나오면 일단 손잡이를 닫는다.

2 주전자에 우유를 반쯤 붓고 노즐 끝을 1cm 정도 우유에 담근다. 증기 밸브를 열고 주전자의 옆면에 가볍게 손을 댄다.

3 노즐을 주전자의 가장자리에 대고 조금씩 주전자를 내린다. 우유가 섞이고 공기를 품으면서 양이 점점 늘어난다.

point! 노즐 속에는 이전에 사용한 물이나 우유가 남아 있는 경우가 있으므로 사용하기 전에 공회전을 시키는 과정을 잊지 마세요!

point! 우유는 유지방 3.5% 이상의 성분 무조정 우유를 쓰세요. 우유의 온도 변화를 파악하기 위해 꼭 처음부터 손을 댑시다.

point! 주전자는 1cm 정도 내리는 것만으로 OK. 몇 번 연습하면 요령을 터득할 수 있으므로 연습만이 살길!

4 이 단계에서 우유의 양이 처음의 1.5배 정도로 늘어난다. 주전자를 1cm 정도 올리고 우유를 더욱 고르게 섞어 공기를 집어넣는다.

5 손으로 만질 수 없을 만큼 주전자가 뜨거워지면 증기 밸브를 잠그고 노즐에서 주전자를 뗀다. 이제 거품을 내는 작업은 완료.

6 노즐에서 주전자를 떼고 나면 다시 한 번 공회전을 시킨다. 노즐을 수건으로 감싸고 증기 밸브를 완전히 열어 증기를 뺀다.

point!
주전자에 손을 대고 점점 올라가는 우유의 온도를 확인하면서 계속 휘저으세요.

point!
이때 우유의 온도는 60°C 전후. 너무 뜨거우면 두유의 풍미가 손상되니 주의하세요.

point!
다음에 사용할 때를 대비하는 중요한 절차입니다. 스팀밀크를 만들 때마다 반드시 공회전을 시키세요.

7 거품을 낸 직후의 스팀밀크에는 큰 거품이 섞여 있다. 주전자의 바닥을 받침대에 통통 가볍게 쳐서 큰 거품을 없앤다.

8 원을 그리듯이 주전자를 돌린다. 우유가 부드러워지고 작업이 쉬워지므로 라떼아트를 그리기 직전까지 계속 돌린다.

9 부드러운 우유 거품이 만들어지면 성공!

point!
이 작업을 소홀히 하면 부드러운 우유 거품이 완성되지 않습니다. 균일한 거품을 만들기 위해 꼭 필요해요.

스팀밀크의 일곱 가지 법칙

1 찬 우유를 사용합니다
우유는 저지방 우유가 아니라 성분 무조정 우유를 골라, 만들기 직전까지 냉장고에서 식힙니다.

2 주전자도 식혀둡니다
우유의 온도는 거품을 내는 과정에 크게 관여합니다. 주전자도 사용하기 직전까지 냉장고에 넣어두세요.

3 우유의 양은 주전자의 절반
우유에 거품을 내면 양이 1.5배 이상 불어납니다. 주전자에 넣는 양은 절반을 기준으로.

4 60℃ 전후로 거품을 내고 중지
너무 뜨거우면 풍미가 손상되고 너무 차가우면 거품이 나지 않습니다. 손으로 온도를 파악하세요!

5 큰 거품은 신속하게 없앱니다
거품은 시간이 지나면 없애기 어렵습니다 만들어진 직후의 큰 거품은 가능한 한 빨리 저 거하세요!

6 적당히 중량감 있는 거품을 목표로
거품이 가벼우면 라떼아트를 간편하게 그리지 못합니다. 중량감 있는 거품으로 완성하세요.

7 반복적으로 연습하여 요령을 익힙니다
공기를 품는 방식이나 온도를 재는 감각은 경험으로 익히는 방법이 제일입니다. 무조건 연습만이 살길!

스팀밀크 Q&A

라떼아트를 능숙하게 그리기 위해서는 스팀밀크를 만드는 법을 반드시 숙달해야 합니다. 따라서 우유 거품을 만드는 과정에서 초보자가 실수하기 쉬운 항목을 뽑아 Q&A로 만들었습니다. 아래 사항에 주의하여 제대로 된 우유 거품을 만들어보세요!

Q. 우유에 거품이 나지 않는데 어떻게 해야 하나요?
A. 우유는 냉장고에서 식혀두어야 합니다.
우유가 차갑지 않으면 거품이 생기기 어려우므로 직전까지 냉장고에서 식힌 우유를 사용해야 합니다. 한 번 데우고 다시 식힌 우유는 NG입니다.

Q. 가벼운 거품밖에 생기지 않는데 어떻게 해야 하나요?
A. 유지방 3.5% 이상의 성분 무조정 우유를 사용해야 합니다.
저지방 우유를 사용하면 중량감 있는 거품이 생기지 않습니다. 반드시 성분 무조정 우유를 사용해야 합니다. 유지방은 3.5% 이상이면 OK입니다.

Q. 우유의 양이 지나치게 불어나는데 어떻게 해야 하나요?
A. 다루기 쉬운 양은 주전자의 절반입니다.
우유에 거품을 내면 상상 이상으로 양이 불어납니다. 주전자의 절반 정도 양이라면 거품을 낸 후에도 다루기 쉽습니다.

Q. 우유가 떠오르지 않는데 어떻게 해야 하나요?
A. 혹시 거품이 가볍지 않은지 살펴보기 바랍니다.
적당한 중량감이 필요합니다. 거품이 너무 가벼우면 우유와 에스프레소가 제대로 대류하지 못하고 에스프레소의 표면에 우유가 뜨지도 않습니다. 이때는 다시 만드는 편이 낫습니다.

Q. 큰 거품이 섞여 있는데 어떻게 해야 하나요?
A. 주전자의 바닥을 두드리는 과정을 생략하면 안 됩니다.
거품을 낸 직후에는 반드시 주전자의 바닥을 통통 두드려야 합니다. 시간이 흐르면 거품을 없애기 어려우므로 이 작업은 거품을 낸 후 바로 진행하세요.

Q. 거품이 부드러워지지 않는데 어떻게 해야 하나요?
A. 주전자는 우유를 따르기 직전까지 계속 흔들어야 합니다.
거품을 낸 직후에는 거품과 거품이 어우러지지 않은 상태지만 주전자를 흔들면 전체적으로 부드러워집니다. 우유를 따르기 직전까지 계속 빙글빙글 돌리세요.

Q. 우유의 온도를 파악하기 힘든데 어떻게 해야 하나요?
A. 몇 번이고 연습하여 온도를 피부로 느껴야 합니다.
스팀밀크를 만드는 법을 숙달하기 위해서는 우유의 온도를 손으로 파악해야 합니다. 몇 번이고 연습하여 60℃의 온도를 피부로 느껴보세요.

5 도구를 갖추어볼까요

에스프레소 머신 이외에 특별한 도구가 필요하지 않은 것도 라떼아트의 장점이지요. 집에 있는 도구로 충분히 할 수 있습니다.

🫘 라떼아트에 필요한 도구는 이 세 가지!

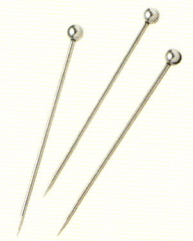  

송곳
미세한 표정을 표현하거나 작은 하트를 그리는 경우에 큰 도움이 됩니다. 구슬 달린 송곳이 있으면 매우 편리합니다.

주전자
라떼아트에는 반드시 필요한 우유 거품을 담는 주전자. 370cc 정도의 크기로 주둥이가 좁은 주전자가 편리하므로 추천합니다.

숟가락
우유 거품을 뜨거나 커피의 표면에 그림을 그릴 때 큰 활약을 펼치는 도구. 집에 있는 티스푼으로 충분합니다.

🫘 시럽은 라떼아트의 세계를 넓혀줍니다!

chocolate & sundae syrup
캐러멜 시럽이나 초콜릿 시럽이 있으면 디자인의 폭이 넓어집니다. 손수 만든 캐러멜 시럽이라면 한층 특별한 라떼아트를 즐길 수 있습니다. (캐러멜 시럽 만드는 법 p. 103 참조)

caramel syrup
시럽으로 장식을 넣거나 글자를 쓸 때는 디스펜서처럼 정량을 뽑아내는 기구보다 섬세한 작업이 가능한 짤주머니를 추천합니다. 만드는 법이 간단하니 직접 만들어보세요.

🫘 집에 있는 컵으로 라떼아트가 가능합니다

컵의 입구가 지나치게 넓지 않고 바닥이 둥글다면 집에 있는 그릇으로도 라떼아트가 가능합니다. 종류는 무엇이든 상관없지만 컵 안쪽이 젖어 있으면 라떼아트를 능숙하게 그리지 못하니 주의하세요.

머그컵
커피전문점에서 파는 톨 사이즈(355cc) 음료 정도의 크기까지 허용됩니다. 바닥이 둥근 디자인을 고르세요.

커피컵
너무 넓지 않고 바닥이 둥글면 OK. 가능한 한 평범한 형태를 고르고 각진 디자인은 피하기 바랍니다.

카페오레볼
지나치게 크지 않으면 OK. 카페오레볼은 섬세한 작품의 라떼아트보다 비교적 단순한 작품의 라떼아트가 어울립니다.

🫘 짤주머니 만드는 법

1. 우선 10×8cm 정도 크기의 단단한 비닐을 준비한다. 시판하는 지퍼백과 같은 접착식 봉투를 잘라 사용하면 더욱 쉽게 만들 수 있다.

2. 그림처럼 돌돌 만다. 몸통 부분에 검지를 넣고 포스터를 마는 요령으로 작업하면 단단하게 말 수 있다.

3. 끝까지 단단하게 말고 남은 부분을 테이프를 붙인다. 말린 상태가 흐트러지지 않도록 확실히 고정한다.

4. 캐러멜 시럽 등의 내용물을 3분의 2 정도 넣은 후에 벌어진 부분을 2~3회 접어 테이프를 붙이고 밀봉하면 완성.

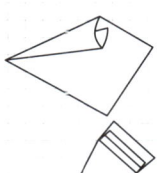

기본 테크닉을 익혀볼까요

라떼아트에서는 주로 주전자, 숟가락, 송곳의 세 가지 도구를 사용합니다.
기본을 익히면 응용은 마음대로 할 수 있어요!

 ### 주전자를 사용해볼까요

주전자를 사용하여 그리는 라떼아트입니다.
아래 세 종류의 테크닉을 마스터하면 다양한 작품을 만들 수 있습니다.

 원을 만들어요

주전자를 사용한 기본 라떼아트입니다. 원을 만들 수 있으면 동물 등 다양한 작품을 시도할 수 있습니다.

1 컵에 에스프레소를 따른다. 컵을 왼손에 들고 살짝 앞쪽으로 기울인다. 에스프레소의 중앙을 겨냥하여 스팀밀크를 따른다.

2 커피 표면이 컵의 절반에 다다를 때까지 따른다. 컵 안에서 우유 거품이 대류하기 쉽도록 주전자를 가볍게 흔들면서 따른다.

3 커피의 표면이 컵의 절반에 다다르면 주전자를 컵에 가까이 댄다. 부딪힐 정도까지 가까이 대고 우유 거품을 얹는다.

4 커피의 표면에 우유 거품의 흰 원이 놓이고 컵이 가득 차면 서서히 컵을 수평으로 놓는다. 주전자를 들어 올리면 원이 완성된다.

point!
주전자를 들어 올릴 때 살짝 안쪽으로 기울이세요. 우유가 깔끔하게 끊어져 아름다운 형태의 원이 완성됩니다.

하트를 만들어요

카페에서 종종 보는 라떼아트. 하트만으로도 멋지지만 원과 조합하면 작품의 폭이 무한히 넓어집니다.

1 컵에 에스프레소를 따른다. 컵을 왼손에 들고 살짝 앞쪽으로 기울인다. 에스프레소의 중앙을 겨냥하여 스팀밀크를 따른다.

2 커피의 표면이 컵의 절반에 다다를 때까지 따른다. 컵 안에서 우유 거품이 대류하기 쉽도록 주전자를 가볍게 흔들면서 따른다.

3 커피의 표면이 컵의 절반에 다다르면 주전자를 컵에 가까이 댄다. 부딪힐 정도까지 가까이 대고 우유 거품을 얹는다.

4 주전자를 좌우로 2~3회 가볍게 흔들면서 스팀밀크를 따른다. 컵이 가득차면 서서히 컵을 수평으로 놓는다.

point! 주전자를 흔들며 스팀밀크를 따르면 우유가 에스프레소의 표면에 쉽게 뜨고 대비가 선명해져요.

5 주전자를 높이 들고 원의 앞쪽에서 뒤쪽까지 똑바로 미끄러지듯 움직여 우유 거품 안에 절개선을 넣는다.

6 주전자를 컵의 두쪽을 향해 똑바로 이동시킨다. 하트 형태가 될 때까지 이동시키고 적당한 시점에 주전자를 뗀다.

point! 똑바로 ㅁ 끄러지듯 움직이면 깔끔한 하트가 돼요.

잎을 만들어요

하트와 함께 인기가 있는 라떼아트. 잎만으로도 예쁘지만 하트나 원과 조합하면 재미가 무한대!

1 컵에 에스프레소를 따른다. 컵을 왼손에 들고 살짝 앞쪽으로 기울인다. 에스프레소의 중앙을 겨냥하여 스팀밀크를 따른다.

2 커피 표면이 컵의 절반에 다다를 때까지 따른다. 컵 안에서 우유 거품이 대류하기 쉽도록 주전자를 가볍게 흔들면서 따른다.

3 커피의 표면이 컵의 절반에 다다르면 주전자를 컵에 가까이 댄다. 부딪힐 정도까지 가까이 대고 우유 거품을 얹는다.

4 커피의 표면에 우유 거품의 흰 원이 놓이고 컵이 가득 차면 서서히 컵을 수평으로 놓는다. 주전자를 들어올리면 원이 완성된다.

5 커피의 표면이 컵의 절반에 다다르면 주전자를 컵에 가까이 댄다. 부딪힐 정도까지 가까이 대고 우유 거품을 얹는다.

point!
주전자를 똑바로 미끄러지듯 움직여 좌우대칭의 잎을 만들기 바랍니다. 전체적인 모양이 아름답게 마무리됩니다.

제대로 거품을 낸 우유로 연습해볼까요

주전자를 사용한 원, 하트, 잎의 기본 작품을 만들 수 있게 되면 라떼아트의 재미가 훨씬 커집니다. 이 세 가지 라떼아트는 크레마가 뜬 에스프레소, 거품이 생긴 우유, 그리고 몇 번의 연습으로 숙달할 수 있습니다. 앞서 소개한 '에스프레소를 추출해볼까요'와 '스팀밀크를 만들어볼까요'를 참고하여 라떼아트를 정복하세요.

숟가락을 사용해볼까요

항상 사용하는 평범한 티스푼도 사용하는 방식에 따라 훌륭한 라떼아트 도구가 될 수 있어요

🌿 원을 만들어요

우유 거품을 떠서 커피의 표면에 얹는 간단한 테크닉. 서두르지 않고 살며시 얹는 것이 요령입니다. 초보자도 금방 따라 할 수 있습니다.

귀여운 개구리의 눈동자로 (p. 53)

둥근 모양으로 얹으면 거북이의 머리로도. (p. 57)

크기가 다른 원으로 변화를. (p. 71)

동물이나 과일 등의 작품에서 활약!

주전자에 남은 우유 거품을 숟가락으로 적당량 떠서 커피의 표면에 수직으로 살짝 떨어뜨리면 원이 생깁니다. 동물의 눈동자나 머리, 다리, 과일의 열매 등으로 응용할 수 있으므로 꼭 시도해보세요! 원이 가능하면 미니하트, 별, 꽃잎도 간단히 만들 수 있어요.

우유 거품으로 그림을 그려요

숟가락을 수직으로 세워 커피의 표면에 그림을 그리는 테크닉.
부드러운 우유 거품을 사용하면 세밀한 선도 원하는 대로 그릴 수 있어요.

머리에 리본으로 강조를. (p. 38)

특징적인 귀도 이렇게. (p. 62)

뼈의 형태도 숟가락 하나로. (p. 78)

섬세한 선도 그릴 수 있습니다. (p. 86)

에스프레소를 캔버스로 삼아 숟가락을 수직으로 세워 그림을 그려요!

제대로 거품을 낸 우유를 이용하면 숟가락 하나로 다양한 선을 그릴 수 있습니다. 기본은 숟가락을 수직으로 세워 사용하는 것입니다. 그 다음은 당신의 솜씨에 달려 있습니다. 섬세한 선도 마음껏 그릴 수 있어요.

송곳을 사용해볼까요

송곳을 능숙하게 사용할 수 있으면 우유 거품이나 크레마로 작품을 만들 수 있어요.

미니하트를 그려요

우유 거품이나 캐러멜 시럽 위에 송곳으로 선을 긋기만 해도 라떼아트가 한층 화려해집니다.

1 숟가락을 사용하여 작품의 왼쪽에 우유 거품을 적당한 간격으로 세 번 얹는다. (작품은 p. 66의 토끼)

2 우유 거품으로 만든 세 개의 원을 연결하듯이 뒤쪽에서 앞쪽으로 중앙을 통과하여 송곳으로 그으면 미니하트가 완성.

미니하트를 원의 윤곽으르. (p. 84)

줄기를 본떠 단아하게 (p. 84)

point 캐러멜 시럽으로 미니하트를!

송곳을 사용하여 사랑스럽게! 단순하지만 그것만으로도 귀여워요

우선 주전자에 남은 우유 거품을 숟가락에 소량 뜨고 커피의 도면에 얹어 작은 원을 만듭니다. 원의 중앙에 선을 긋듯이 송곳을 움직이면 미니하트가 완성됩니다!

🫘 별과 꽃잎을 만들어요

별이나 꽃잎을 그리면 라떼아트의 세계가 한층 넓어집니다.
이때 구슬 달린 송곳이 큰 활약을 합니다.

뾰족한 별도 간단하다. (p. 41)

송곳으로 긋기만 해도 꽃잎으로. (p. 73)

기본은 송곳으로 긋기만 하는 간단한 테크닉

별과 꽃잎은 라떼아트에 신선한 변화를 주는 필수 작품. 둘 다 우유로 만든 원의 안쪽에서 바깥쪽을 향해 송곳으로 긋기만 하면 됩니다. 구슬 달린 송곳이 있으면 더욱 편리하므로 꼭 준비해두세요.

🫘 크레마로 원을 만들어요

인물이나 동물의 눈을 그릴 때의 필수 테크닉.
커피의 표면에서 크레마를 떠서 송곳을 우유에 수직으로 찌르기만 하면 됩니다.

버섯의 머리와 눈에서 크기를 바꾼다. (p. 43)

금붕어의 둥글고 큰 눈도 간단. (p. 77)

깊게 찔러 동그란 눈을. (p. 92)

깊게 찌르면 큰 원, 얕게 찌르면 작은 원

송곳으로 커피의 표면에서 크레마를 덜어낼 때는 표면을 미끄러지듯 움직이면 송곳에 크레마가 많이 묻습니다. 송곳을 깊게 찌르면 큰 원이 생기고 얕게 찌르면 작은 원이 생기므로 자유롭게 조정할 수 있어요.

크레마로 그림을 그려요

크레마를 사용한 라떼아트의 기본 테크닉.
커피의 표면에서 크레마를 떠서 우유의 표면을 미끄러지듯 움직여 선을 그립니다.

콧등의 주름도 간단. (p. 63)

수염 같은 세밀한 부분도. (p. 55)

선도 마음대로 그릴 수 있다. (p. 93)

커피의 표면을 미끄러지듯 움직이면 세밀한 선을 그릴 수 있습니다

송곳으로 커피의 표면에서 크레마를 뜰 때는 표면을 미끄러지듯 움직이면 송곳에 크레마가 많이 묻습니다. 세밀한 선도 송곳을 얕게 찌르고 표면을 미끄러지듯 움직이면 그리기 쉬워요.

시럽으로 변화를 주세요

캐러멜 등의 시럽을 사용하면 한결 라떼아트의 폭이 넓어집니다. 송곳으로 살짝 긋기만 해도 바뀌는 모양을 마음껏 즐겨보세요!

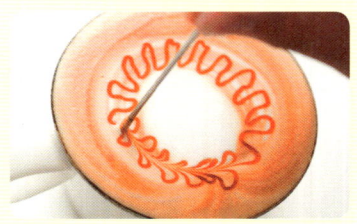

한 바퀴 돌리듯 그으면 화려하다!
(p. 83)

송곳으로 긋는 방향을 바꾸어보자.
(p. 99)

소용돌이처럼 움직여보면 어떨까.
(p. 103)

긋는 방식에 따라 자유자재로 변신!!

짤주머니를 사용하여 시럽으로 라떼아트를 꾸미고 송곳을 다양한 방향으로 움직여 작품을 완성합니다. 송곳으로 원이나 소용돌이를 그리고 방향을 바꾸어 그으면 만들 수 있는 모양이 무한대입니다.

기본 테크닉을 사용하여 Let's 라떼아트!!

여기서 소개한 기본 테크닉이나 이제부터 소개하는 레시피는 그저 예시에 지나지 않습니다.
여러분의 아이디어에 따라 자유롭게 라떼아트를 즐기기 바랍니다!

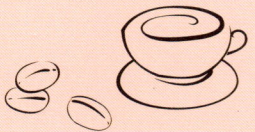

Part 2
기초 라떼아트

standard latte art

카페에서 종종 보는 **하트**나 **잎** 등의 대표 작품도
요령을 익히면 **집**에서 **간단히** 즐길 수 있습니다.
집에 늘러온 **친구**에게 보여주면 **깜짝** 놀라겠죠!

1 스마일 smile

*기본 원을 이용하여 보기만 해도 미소가 지어지는 작품

1 스마일을 만드는 법

{재료} (1인분)
에스프레소…30cc | 스팀밀크…130cc 정도

'원'을 사용하여 스마일을 그립니다. 표정에 변화를 주고 개성을 살리세요!

1 컵에 에스프레소를 따른다. 컵을 왼손에 들고 살짝 앞쪽으로 기울인다. 에스프레소의 중앙을 겨냥하여 주전자로 스팀밀크를 따른다.

2 커피의 표면이 컵의 절반에 다다를 때까지 따른다. 컵 안에서 우유 거품이 대류하기 쉽도록 주전자를 가볍게 흔들면서 따른다.

3 커피의 표면기 컵으 절반에 다다르면 주전자를 컵에 가까이 댄다. 주전자와 컵이 부딪힐 정도까지 가까이 대고 우유를 얹는다.

4 커피의 표면에 우유 거품으로 만든 흰 원을 얹고 컵이 가득 차면 서서히 컵을 수평으로 놓는다. 주전자를 들어 올리면 원이 완성된다.

5 송곳으로 크레마를 떠서 웃는 얼굴을 그린다. 사진처럼 윙크를 넣는 등 자신만의 독창적인 표정을 만들 수 있다.

point!
주전자를 들어 올릴 때 살짝 안쪽으로 기울이세요. 우유가 깔끔하게 끊어져 아름다운 원이 탄생합니다.

point!
송곳은 크레마에 깊게 찌르지 말고 표면을 미끄러지듯 움직이세요. 크레마가 많이 묻습니다.

2 하트 heart

*카페에 온 듯한 기분을 맛볼 수 있는 대표적인 라떼아트

 ## ²하트를 만드는 법

{재료} (1인분)
에스프레소…30cc | 스팀밀크…130cc 정도

기본 하트를 만들어봅시다. 하트에 숙련되면 다양한 라떼아트를 시도할 수 있어요.

1 컵에 에스프레소를 따른다. 컵을 왼손에 들고 살짝 앞쪽으로 기울인다. 에스프레소의 중앙을 겨냥하여 주전자로 스팀밀크를 따른다.

2 커피의 표면이 컵의 절반에 다다를 때까지 따른다. 컵 안에서 우유 거품이 대류하기 쉽도록 주전자를 가볍게 흔들면서 따른다.

3 커피의 표면이 컵의 절반에 다다르면 주전자를 컵에 가까이 댄다. 주전자와 컵이 부딪힐 정도까지 가까이 대고 우유를 얹는다.

4 주전자를 좌우로 2~3회 가볍게 흔들면서 스팀밀크를 따른다. 컵이 가득 차면 서서히 컵을 수평으로 놓는다.

5 주전자를 높이 들고 원의 앞쪽에서 뒤쪽으로 똑바로 미끄러지듯 움직여 우유 거품의 원 안쪽으로 절개선을 넣고 하트를 만든다.

6 주전자를 컵의 뒤쪽을 향해 똑바로 이동시킨다. 하트의 형태가 될 때까지 움직이다가 적당한 시기를 보고 주전자를 뗀다.

point!
주전자를 흔들면서 우유 거품을 따르면 에스프레소의 표면에 얹기 쉬워 색상의 대비가 확실해져요!

point
주전자를 끝까지 똑바로 이동시키세요. 그래야 하트의 형태가 되어 전체적인 모양이 아름답게 마무리됩니다.

3 잎 leaf

* 또 하나의 기본 라떼아트인 잎에 도전!

잎을 만드는 법

재료 (1인분)
에스프레소…30cc | 스팀밀크…130cc 정도

하트 다음으로 카페에서 자주 목격하는 잎. 어려워 보이지만 요령을 익히면 누구나 쉽게 그릴 수 있답니다!

1 컵에 에스프레소를 따른다. 컵을 왼손에 들고 살짝 앞쪽으로 기울인다. 에스프레소의 중앙을 겨냥하여 주전자로 스팀밀크를 따른다.

2 커피의 표면이 컵의 절반에 다다르면 컵 뒤쪽에서 주전자를 좌우로 천천히 흔들면서 컵의 앞쪽으로 이동한다. 컵은 기울인 상태를 유지한다.

3 주전자를 흔드는 폭을 서서히 좁히면서 컵의 앞쪽을 향해 움직인다. 컵이 점점 가득 차도 기울인 상태를 유지한다

4 주전자가 컵의 앞쪽까지 이르러 잎의 형태가 완성되면 서서히 컵을 수평으로 놓는다. 일단 주전자를 든다.

5 주전자를 높이 들고 컵의 앞쪽에서 뒤쪽까지 똑바로 미끄러지듯 움직여 옆의 줄기 부분을 만든다. 이렇게 해서 잎이 완성된다.

point!
주전자를 똑바로 미끄러지듯 움직여 좌우대칭의 잎으로 만들어야 전체적인 모양이 아름답게 마무리됩니다.

⁴메시지 message
＊전하고 싶은 마음을 라떼아트에 담아

4 메시지를 만드는 법

{재료} (1인분)
에스프레소···30cc | 스팀밀크·· 130cc 정도 | 캐러멜 시럽···적당량

하트를 만들 수 있게 되면 반드시 도전해보세요! 소중한 마음을 라떼아트에 담아봅니다.

1 컵에 에스프레소를 따른다. 컵을 왼손에 들고 살짝 앞쪽으로 기울인다. 에스프레소의 중앙을 겨냥하여 주전자로 스팀밀크를 따른다.

2 커피의 표면이 컵의 절반에 다다르면 주전자를 컵에 가까이 댄다. 주전자와 컵이 부딪힐 정도까지 가까이 대고 우유 거품을 얹는다.

3 주전자를 좌우로 2~3회 가볍게 흔들면서 스팀밀크를 따른다. 컵이 가득 차면 서서히 컵을 수평으로 놓는다.

4 주전자를 원의 앞쪽에서 뒤쪽을 향해 똑바로 이동시킨다. 하트의 형태가 될 때까지 움직여 적당한 시기에 주전자를 들어 올린다.

5 주전자에 남은 우유 거품을 숟가락으로 떠서 하트의 왼쪽에 균일한 간격으로 세 개의 원 모양으로 얹는다. 둥근 형태가 되도록 숟가락을 사용하여 살며시 놓는다.

6 5에서 만든 세 개의 원을 컵 뒤쪽에서 앞쪽을 향해 송곳으로 단번에 긋는다. 이것으로 미니하트가 완성된다.

7 큰 하트 위에 시럽으로 원하는 글자를 쓴다. 비닐로 만든 짤주머니를 사용하면 섬세한 선을 그리기 쉬워 편리하다. (주머니를 만드는 법은 p. 19 참조)

point!
라떼아트에서 글자를 쓸 때는 영어의 필기체를 선택하면 깨끗하게 마무리 됩니다. 한 획으로 단숨에 쓰세요!

5 여자아이 girl
*하트로 만든 새침한 소녀

5 여자아이를 만드는 법

〈재료〉 (1인분)
에스프레소…30cc | 스팀밀크…130cc 정도

하트를 사용하여 여자아이에 도전! 숟가락과 송곳에 익숙해지면 표정이나 액세서리도 자유자재로 그릴 수 있어요.

1 컵에 에스프레소를 따른다. 컵을 왼손에 들고 살짝 앞쪽으로 기울인다. 에스프레소의 중앙을 겨냥하여 주전자로 스팀밀크를 따른다.

2 커피의 표면이 컵의 절반에 다다르면 주전자를 컵에 가까이 댄다. 주전자와 컵이 부딪힐 정도까지 가까이 대고 표면에 우유 거품을 얹는다.

3 주전자를 좌우로 2~3회 가볍게 흔들면서 스팀밀크를 따른다. 컵이 가득 차면 서서히 컵을 수평으로 놓는다.

4 주전자를 높이 들고 원의 앞쪽에서 뒤쪽을 향해 똑바로 미끄러지듯 움직여 우유 거품의 원 안쪽으로 절개선을 넣고 하트를 만든다.

5 주전자에 남은 우유 거품을 숟가락으로 떠서 하트의 왼쪽에 균일한 간격으로 세 개의 원 모양으로 얹는다. 둥근 형태가 되도록 숟가락을 사용하여 살며시 놓는다.

6 주전자에서 우유 거품을 숟가락으로 떠서 리본의 형태로 정돈한다. 리본의 매듭이나 양 끝의 모양을 그리는 과정에서 숟가락을 사용하여 미묘한 차이를 연출할 수 있다.

7 5에서 만든 세 개의 원을 컵의 뒤쪽에서 앞쪽을 향해 송곳으로 단번에 긋는다. 이것으로 미니하트가 완성된다.

8 송곳으로 크레마를 떠서 여자아이의 머리카락과 꿈에 부푼 표정을 그린다. 섬세한 선을 그릴 때는 송곳으로 우유의 표면을 미끄러지듯 움직인다.

point!
우유 거품으로 그림을 그릴 때는 숟가락을 세워 사용하세요. 섬세한 선이나 미세한 형태를 그리기 쉽습니다.

6 달과 별 *moon & star*

*컵에 떠오르는 낭만적인 밤하늘

달과 별을 만드는 법

{재료} (1인분)
에스프레소…30cc | 스팀밀크…130cc 정도

하트와 별을 조합하여 낭만적인 밤하늘로. 우유 거품을 별이나 초승달의 형태로 가다듬습니다.

1 컵에 에스프레소를 따른다. 컵을 왼손에 들고 살짝 앞쪽으로 기울인다. 에스프레소의 중앙을 겨냥하여 주전자로 스팀밀크를 따른다.

2 커피의 표면이 컵의 절반에 다다르면 컵 뒤쪽에 주전자를 가까이 대고 우유 거품을 얹는다. 서서히 컵을 수평으로 놓고 컵의 뒤쪽에 하트를 만든다.

3 컵의 앞쪽에 한 단계 작은 하트를 같은 요령으로 만든다. 컵에 주전자를 가까이 대고 우유 거품을 얹은 뒤에 서서히 컵을 수평으로 놓는다.

4 두 번째 하트의 옆쪽에 조금 떨어져 우유 거품을 얹는다. 이 부분이 별이 되므로 두 번째 하트보다 작게 만든다.

5 송곳을 사용하여 우유 거품을 펴서 별 모양으로 가다듬는다. 사진처럼 구슬이 달린 송곳이 있으면 간단히 별을 만들 수 있다.

6 송곳으로 크레마를 떠서 두 개의 달에 눈과 입을 그린다. 가는 선을 그릴 때는 커피의 표면을 미끄러지듯 움직인다.

7 송곳으로 우유 거품을 펴서 코를 만든다. 두 개의 하트가 달로 보이도록 송곳으로 우유 거품을 펴고 형태를 가다듬는다.

point!
구슬이 달린 송곳은 꽃잎을 만들 때도 애용하는 훌륭한 도구. 한 자루 준비해두면 여러모로 편리합니다.

7 버섯 mushroom

*컵 안에서 윙크!

7 버섯을 만드는 법

{재료} (1인분)
에스프레소…30cc | 스팀밀크…130cc 정도

기본인 '원'을 겹치면 이런 작품이 완성. 이 기술은 버섯 이외에도 다양한 무늬에 응용할 수 있어요.

1 컵에 에스프레소를 따른다. 컵을 왼손에 들고 살짝 앞쪽으로 기울인다. 에스프레소의 중앙을 겨냥하여 주전자로 스팀밀크를 따른다.

2 커피 표면이 컵의 절반에 다다르면 주전자를 컵에 가까이 댄다. 컵에 주전자를 가까이 대고 우유 거품을 얹는다. 서서히 컵을 수평으로 놓고 주전자를 들어 올려 원을 완성한다.

3 2에서 만든 원 안에 또 하나의 원을 만든다. 이 원이 버섯의 얼굴 부분이 되므로 머리 부분과 균형을 고려하여 적당한 크기로 만든다. 주전자를 좌우로 2~3회 가볍게 흔들면서 우유 거품을 따른다. 컵이 가득 차면 서서히 컵을 수평으로 놓는다.

4 송곳으로 크레마를 떠서 버섯의 얼굴 부분을 그린다. 사진처럼 윙크를 넣는 식으로 자신만의 개성이 담긴 표정을 만들어보자.

5 송곳으로 크레마를 떠서 깊게 수직으로 찔러 머리 부분의 물방울무늬를 그린다. 송곳을 찌르는 깊이에 따라 원의 크기를 바꿀 수 있으니 여러 도안을 궁리해보자.

point!

큰 원 안에 또 하나의 원을 만들 때는 주전자를 살짝 안쪽으로 밀거 우유를 집어 넣듯 따르세요.

⁸네 개의 하트 four heart

＊겹쳐진 하트로 사랑을 가득 전하고 싶은 마음!

8 네 개의 하트를 만드는 법

{재료} (1인분)
에스프레소…30cc | 스팀밀크…130cc 정도

하트에 숙련되면 새로운 조합에 도전! 다소 상급 레벨의 라떼아트입니다.

1 컵에 에스프레소를 따른다. 컵을 왼손에 들고 살짝 앞쪽으로 기울인다. 에스프레소의 중앙을 겨냥하여 주전자로 스팀밀크를 따른다.

2 커피의 표면이 컵의 절반에 다다르면 컵의 뒤쪽에 주전자를 가까이 대고 우유 거품을 얹는다. 서서히 컵을 수평으로 돌리면서 컵의 뒤쪽에 하트를 만든다.

3 컵의 앞쪽에 한 단계 작은 하트를 같은 방법으로 만든다. 컵에 주전자를 가까이 대고 우유 거품을 얹으면서 서서히 컵을 수평으로 돌린다.

4 앞쪽에 세 번째 하트를 만든다. 하트가 하나 완성될 때마다 주전자를 들어 올려 주저하지 말고 과감하게 우유를 따른다.

5 앞쪽에 네 번째 하트를 만들고 주전자를 뗀다. 우유를 따를 때마다 하트가 변형되어 사진과 같은 형태가 된다.

6 주전자를 높이 들어 네 개의 하트를 연결하듯 컵의 뒤쪽까지 미끄러지듯 움직이면서 따른다. 이것으로 네 개의 하트가 완성된다.

point!
하트를 여러 개 만들 때는 과감하게 우유 거품을 집어 넣듯 따르세요. 완성된 도 습이 깔끔합니다.

9 튤립 tulip
* 산뜻하고 단아한 라떼아트

10 백조 swan

*에스프레소 호수 위를 우아하게 헤엄치는 모습

 **튤립을 만드는 법** / {재료} (1인분)
에스프레소…30cc | 스팀밀크…130cc 정도

하트와 잎으로 만든 튤립. 이 작품을 마스터하면 당신도 라떼아트 상급자입니다.

1 컵에 에스프레소를 따른다. 컵을 왼손에 들고 살짝 앞쪽으로 기울인다. 에스프레소의 중앙을 겨냥하여 주전자로 스팀밀크를 따른다.

2 커피의 표면이 컵의 절반에 다다를 때까지 따른다. 컵 안에서 우유 거품이 대류하기 쉽도록 주전자를 가볍게 흔들면서 따른다.

3 커피의 표면이 컵의 절반에 다다르면 컵에 주전자를 가까이 대고 우유 거품을 얹는다. 서서히 컵을 수평으로 돌리면 첫 번째 하트가 만들어진다.

4 첫 번째 하트의 앞쪽에 두 번째 하트를 만들고, 완성되면 주전자를 들어 올린다. 주저하지 말고 시원하게 우유를 따르는 것이 완성의 비결.

5 앞쪽에 세 번째 하트를 만들고 주전자를 들어 올린다. 여러 개의 하트를 만들 때는 우유 거품을 집어넣듯 따르면 깔끔하게 마무리.

6 주전자를 높이 들고 세 번째 하트를 연결하듯이 뒤쪽을 향해 미끄러지듯 움직인다. 똑바로 이동시키면 깔끔하게 그릴 수 있다.

7 컵의 가장자리를 따라 잎을 그린다. 주전자를 좌우로 흔들면서 서서히 흔드는 폭을 줄이면서 움직인다. 주전자를 높이 들고 미끄러지듯 움직여 줄기를 만든다.

8 컵의 반대쪽에 좌우대칭으로 잎을 그리면 튤립이 완성된다. 좌우의 균형에 유의하여 아름다운 튤립에 도전해보자.

point!
주전자를 좌우로 흔드는 속도를 올려보세요. 섬세한 잎을 깨끗하게 그릴 수 있습니다.

10 백조를 만드는 법

《재료》(1인분)
에스프레소…30cc | 스팀밀크…130cc 정도

잎을 이용하여 백조의 날개를 표현한 상급자 대상의 라페아트. 하늘하늘한 실루엣이 우아한 분위기를 연출해요!

1 컵에 에스프레소를 따른다. 컵을 왼손에 들고 살짝 앞쪽으로 기울인다. 에스프레소의 중앙을 겨냥하여 주전자로 스팀밀크를 따른다.

2 커피의 표면이 컵의 절반에 다다를 때까지 따른다. 컵 안에서 우유 거품이 대류하기 쉽도록 주전자를 가볍게 흔들면서 따른다.

3 컵의 가장자리를 따라 주전자를 좌우로 흔들면서 뒤쪽에서 앞쪽으로 이동시키고 서서히 흔드는 폭을 줄인다. 주전자를 높이 들고 뒤쪽으로 미끄러지듯 움직인다.

4 또 하나의 잎을 컵의 반대쪽에 그린다. 좌우대칭으로 균형을 이루도록 주의한다. 이것이 백조의 날개가 된다.

5 두 번째 잎이 완성되면 일단 주전자를 높이 든다. 두 개의 잎에 안으로 절개선을 넣고 두 번째 잎이 연결되어 보이도록 한다.

6 잎이 만나는 지점에서 컵의 앞쪽으로 주전자를 이동시켜 백조의 목을 그린다. 부드러운 굴곡으로 백조다운 모습을 표현한다.

7 주전자를 컵에 밀어 넣듯 가까이 대고 우유 거품으로 백조의 머리 부분을 만든다. 힘을 섬세하게 조절하는 능력이 필요하므로 연습은 필수!

8 주전자를 재빨리 들어 올려 부리를 만든다. 마지막으로 송곳으로 크레마를 떠서 감은 눈꺼풀을 그린다. 우아한 백조가 완성된다.

point!
주전자의 테크닉만으로 머리와 부리를 만들기 위해서는 힘을 섬세하게 조절하는 능력이 필요합니다. 몇 번이고 연습하여 완벽히 습득하기 바랍니다.

Latte art talk 1

라떼아트 업그레이드 하기

기본 테크닉을 완벽히 익혔다면
이번에는 독창적인 작품에 도전해보세요.
수많은 작품을 선보인 하루나 씨에게 비결을 물었습니다.

독창적 작품을 위한 세 가지 원칙

1. 라떼아트는 '원'이 기본!
2. 표정을 연구하여 한층 귀엽게!
3. 좋아하는 작품을 그리는 것이 최고!

chick — '하트가 되기 전의 원'이 병아리다운 포동포동한 형태가 되었습니다. 둥그스름한 작품이 라떼아트에 어울립니다.

goldfish — 원과 하트의 조합은 금붕어와 토끼에도 응용할 수 있습니다. 각 부위의 균형에 따라 다양한 작품이 탄생합니다.

mushroom — 원 안에 원을 그리고 버섯을 표현. 같은 크레마로 그리더라도 머리의 무늬는 살짝 크게, 눈은 살짝 작게 변화를 주었습니다.

pug — 눈과 코의 위치나 주름이 퍼그다운 모습. 바로 그리기 불안하다면 우선 종이에 밑그림을 그리고 따라 그려도 좋아요.

 발상에 따라 소재는 무한히 늘어납니다

라떼아트의 기본은 원, 하트, 잎. 이 세 가지의 조합과 발상에 따라 소재는 무한히 늘어납니다. 예를 들어 금붕어나 토끼는 원과 하트를 조합하여 그립니다. 이 책에서 소개한 작품 이외에도 어떤 작품이 가능할지 도안을 그리면서 연구하는 과정도 즐겁습니다.

다만 직선이나 각진 도안은 라떼아트에 어울리지 않습니다. 또한 지나치게 정교하여 그리는 데 시간이 걸리는 도안도 권하지 않습니다. 단순하고 귀엽고 깔끔한 작품이 제일이라고 생각합니다.

비결은 실패를 두려워하지 않고 과감하게 만드는 것. 살짝 윤곽이 비뚤어져도 눈이나 입을 그려넣으면 의외로 귀엽게 마무리됩니다. 윙크나 미소, 뾰로통한 표정, 눈물과 같은 특징을 연구해보는 것도 도움이 됩니다.

소재를 결정하기 힘들다면 자신이 좋아하는 동물을 골라 시도해보면 어떨까요? 참고로 저는 퍼그와 병아리를 몹시 좋아합니다. 여러분도 기본을 익혔다면 독창적인 작품에 도전해보세요!

Part 3

동물
라떼아트

animal latte art

원, 하트, 잎 등의 기본 테크닉에 능숙해지면 이제 동물을 만들어봅니다.
표정이나 세부 묘사에 신경 쓰면 귀여운 동물을 간단히 그릴 수 있습니다.

1 개구리 frog

*대표적인 동물 작품에 도전!

개구리를 만드는 법

{재료} (1인분)
에스프레소…30cc | 스팀밀크…130cc 정도

장난스러운 개구리에 도전. 크레마와 우유를 효과적으로 사용하여 풍부한 표정으로 그려보세요!

1 컵에 에스프레소를 따른다. 컵을 왼손에 들고 살짝 앞쪽으로 기울인다. 에스프레소의 중앙을 겨냥하여 주전자로 스팀밀크를 따른다.

2 커피의 표면이 컵의 절반에 다다르면 주전자를 컵에 가까이 댄다. 주전자와 컵이 부딪힐 정도까지 가까이 대서 표면에 우유 거품을 얹는다.

3 커피의 표면에 우유 거품의 흰 원이 얹히고 컵이 가득 차면 서서히 컵을 수평으로 놓는다. 주전자를 들어 올리면 원이 완성된다.

4 주전자에 남은 우유 거품을 숟가락으로 떠서 눈을 만든다. 좌우 같은 크기로 살짝 떨어뜨려 만들면 귀엽게 마무리된다.

5 송곳으로 크레마를 떠서 눈동자를 그린다. 송곳을 깊게 수직으로 찌르면 큰 눈이 되고 옆으로 길게 그리면 장난스러운 눈이 된다.

6 송곳으로 우유 거품을 떠서 눈동자에 반사광을 넣는다. 송곳을 깊게 수직으로 찌르면 반사광이 커져 보다 생생한 표정이 된다.

7 송곳으로 크레마를 떠서 입이나 코, 뺨 등 개구리의 표정을 그린다. 섬세한 선을 그릴 때는 송곳을 우유의 표면에 미끄러지듯 움직인다.

point!
송곳을 찌르는 깊이로 눈의 크기가 바뀝니다. 각자 깊이를 조절하여 원하는 크기로 그려보세요.

2 고양이 cat

*컵에서 살그머니 얼굴을 내미는 장난꾸러기 야옹이

2 고양이를 만드는 법

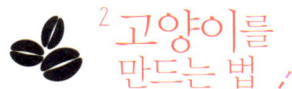

{재료} (1인분)
에스프레소…30cc | 스팀밀크…130cc 정도

'원'을 응용하여 고양이를 만들어봅시다. 둥근 얼굴에 뾰족한 귀를 그려 아기 고양이처럼 장난스러운 분위기로요.

1 컵에 에스프레소를 따른다. 컵을 왼손에 들고 살짝 앞쪽으로 기울인다. 에스프레소의 중앙을 겨냥하여 주전자로 스팀밀크를 따른다.

2 커피의 표면이 컵의 절반에 다다를 때까지 따른다. 컵 안에서 우유 거품이 대류하기 쉽도록 주전자를 가볍게 흔들면서 따른다.

3 커피의 표면이 컵의 절반에 다다르면 컵에 주전자를 가까이 대고 우유 거품을 얹어 원을 만든다. 서서히 컵을 수평으로 놓으면서 주전자를 뗀다.

4 커피의 표면에 우유를 얹어 만든 원을 숟가락으로 펴서 고양이다운 뾰족한 귀를 만든다. 귀의 형태를 바꾸면 다른 동물로도 응용할 수 있다.

point!
우유 거품을 펼 때는 숟가락 끝을 사용하여 삼각형으로. 고양이다운 뾰족한 귀를 만들어보세요.

5 주전자에 남은 우유 거품을 숟가락으로 떠서 고양이의 얼굴 아래에 두 개의 원 모양으로 얹는다. 이것이 고양이의 앞발이 된다.

6 송곳으로 크레마를 떠서 앞발의 손톱 등을 그려넣는다. 크레마를 뜰 때 표면에 미끄러지듯 움직이면 송곳에 크레마가 많이 묻는다.

7 송곳으로 크레마를 떠서 눈, 코, 수염 등을 그려넣으면 고양이가 완성된다. 송곳을 깊게 수직으로 찌르면 크고 동그란 눈을 그릴 수 있다.

3 거북이 turtle

*캐러멜 풍미에 휩싸인 다정한 엄마 거북이와 아기 거북이

3 거북이를 만드는 법

{재료} (1인분)
에스프레소…30cc | 스팀밀크…130cc 정도 | 캐러멜 시럽…적당량

엄마 거북이의 등에 아기 거북이가 타고 있는 익살스러운 작품. 모양도 맛도 캐러멜 시럽이 중심이 됩니다.

1 컵에 에스프레소를 따른다. 컵을 왼손에 들고 살짝 앞쪽으로 기울인다. 에스프레소의 중앙을 겨냥하여 주전자로 스팀밀크를 따른다.

2 커피의 표면이 컵의 절반에 다다르면 주전자를 컵에 가까이 댄다. 주전자와 컵이 부딪힐 정도까지 가까이 대고 우유 거품을 얹는다.

3 커피의 표면에 우유 거품으로 만든 흰 원을 얹고 컵이 가득 차면 서서히 컵을 수평으로 놓는다. 주전자를 들어 올리면 원이 완성된다.

4 주전자에 남은 우유 거품을 숟가락으로 떠서 엄마 거북이의 얼굴과 다리, 꼬리를 만든다. 숟가락 끝을 사용해서 각 부위의 형태를 가다듬는다.

5 주전자에 남은 우유 거품을 숟가락으로 떠서 아기 거북이를 만든다. 엄마 거북이의 등에서 떨어질듯 말듯 아슬아슬한 위치에 아기 거북이를 만들면 귀엽게 마무리된다.

point!
시간이 지나면 스팀밀크의 거품과 액체가 분리되어버리는 경우도 있어요. 숟가락으로 섞은 다음에 사용하세요!

6 송곳으로 크레마를 떠서 엄마 거북이와 아기 거북이의 눈을 그린다. 섬세한 선을 그릴 때는 송곳이 우유의 표면에 미끄러지듯이. 엄마와 아기의 표정을 바꾸면 무척이나 귀엽다!

7 캐러멜 시럽으로 등껍데기에 물결선을 그린다. 비닐로 만든 짤주머니를 사용하면 섬세한 선을 그리기 쉬우므로 편리하다. (짤주머니 만드는 법은 p. 19 참조)

8 시럽으로 그린 물결선이 격자 모양이 되도록 송곳으로 등껍데기를 연출한다. 선을 그을 때마다 송곳을 닦으면서 작업하면 깔끔하게 마무리된다.

4 곰 bear

*천진난만한 표정에 그만 심장이 콩콩!

 곰을 만드는 법

{재료} (1인분)
에스프레소…30cc | 스팀밀크…130cc 정도

인기 만점인 곰을 만들어봅시다. 눈을 아래쪽에 두고 귀를 크게 만들면 훨씬 사랑스럽습니다.

1 컵에 에스프레소를 따른다. 컵을 왼손에 들고 살짝 앞쪽으로 기울인다. 에스프레소의 중앙을 겨냥하여 주전자로 스팀밀크를 따른다.

2 커피의 표면이 컵의 절반에 다다를 때까지 따른다. 컵 안에서 우유 거품이 더듀하기 쉽도록 주전자를 가볍게 흔들면서 따른다.

3 커피의 표면이 컵의 절반에 다다르면 컵에 주전자를 가까이 대고 우유 거품을 얹는다. 서서히 컵을 수평으로 놓고 주전자를 들어 올려 원을 만든다.

4 3에서 만든 원 안에 또 하나의 원을 만든다. 이 원이 곰의 코와 입 부분이 되므로 크기의 균형을 고려하여 만든다.

5 우유 거품을 숟가락으로 떠서 얼굴 위에 둥근 형태로 만들어놓고 곰의 귀를 만든다. 귀를 살짝 크게 만들면 전체적인 인상이 귀여워진다.

6 송곳으로 크레마를 떠서 눈과 코를 그린다. 섬세한 선을 그릴 때는 송곳으로 우유의 표면에 미끄러지듯 움직인다.

point!
큰 원 안에 또 하나의 원을 만들 때는 주전자를 살짝 안쪽으로 밀어 우유를 집어 넣듯 따르세요.

point!
눈을 아래쪽에 그리면 천진난만한 표정이 됩니다. 송곳을 깊게 수직으로 찌르면 동그란 눈동자가 완성됩니다.

5 병아리 chick

*아장아장 걷는 모습이 무척이나 귀여운 느낌!

5 병아리를 만드는 법

〈재료〉 (1인분)
에스프레소…30cc | 스팀밀크…130cc 정도

볼록한 몸과 팔랑이는 깃털이 장난스럽고 귀여워요! '하트'의 변형으로 병아리가 완성됩니다.

1 컵에 에스프레소를 따른다. 컵을 왼손에 들고 살짝 앞쪽으로 기울인다. 에스프레소의 중앙을 겨냥하여 주전자로 스팀밀크를 따른다.

2 커피의 표면이 컵의 절반에 다다르면 주전자를 컵에 가까이 댄다. 주전자와 컵이 부딪힐 정도까지 가까이 대고 우유 거품을 얹는다.

3 주전자를 뒤쪽으로 미끄러지듯 조금만 움직여 안으로 살짝 절개선을 넣고 주전자를 들어 올려 하트의 형태를 간든다. 이것이 병아리의 몸이 된다.

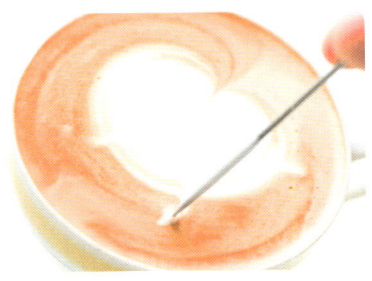

4 송곳으로 우유 거품을 펴고 부리와 다리, 머리털 세 가닥을 그린다. 다리를 살짝 떨어뜨려놓으면 생기가 넘쳐 보인다.

5 송곳으로 크레마를 떠서 병아리의 눈이나 날개를 그려넣는다. 섬세한 선을 그릴 때는 송곳을 우유의 표면에 미끄러지듯 움직인다.

6 송곳에 우유 거품을 떠서 눈에 반사광을 넣는다. 눈에 반사광을 넣으면 더욱 귀엽고 활기차다.

point!
우유 거품으로 발의 오른쪽에 점을 몇 개 그리면 병아리가 걸어가는 느낌이 강조되어 더욱 귀여워요.

6 치와와 chihuahua
*사랑스럽게 빛나는 초롱초롱한 눈동자

7 퍼그 pug
*활짝 웃는 얼굴이 애교 만점!

6 치와와를 만드는 법

{재료} (1인분)
에스프레소…30cc | 스팀밀크…130cc 정도

인기 애완견인 치와와를 간단히 그려보세요! 속눈썹을 그리거나 표정을 고안하여 사랑스럽게 마무리하세요.

1 컵에 에스프레소를 따른다. 컵을 왼손에 들고 살짝 앞쪽으로 기울인다. 에스프레소의 중앙을 겨냥하여 주전자로 스팀밀크를 따른다.

2 커피의 표면이 컵의 절반에 다다르면 주전자를 컵에 가까이 댄다. 주전자와 컵이 부딪힐 정도까지 가까이 대고 우유 거품을 소량만 얹는다.

3 작은 원을 얹고 서서히 컵을 수평으로 놓으며 주전자를 뗀다. 이것이 치와와의 얼굴이 된다.

4 주전자에 남은 우유 거품을 숟가락으로 떠서 타킥을 그리듯이 귀를 만든다. 숟가락을 수직으로 세워 사용하면 그리기 쉽다.

5 송곳으로 크레마를 떠서 얼굴을 그린다. 속눈썹을 세 가닥씩 그리면 치와와 특유의 인상이 한층 강조된다. 나만의 치와와를 자유롭게 그려보자.

6 송곳에 우유 거품을 묻혀 눈에 반사광을 넣는다. 눈에 큼지막한 반사광을 넣으면 구엽게 마무리.

point! 조그마한 얼굴에 큼지막한 반사광을 넣어 초롱초롱 빛나는 눈동자를 만들면 치와와의 독특한 분위기를 표현할 수 있습니다.

7 송곳으로 크레마를 떠서 혀를 그려 넣으면 치와와가 완성. 섬세한 선을 그릴 때는 송곳을 수직으로 얇게 찔러 움직이면 능숙하게 그릴 수 있다.

7 퍼그를 만드는 법

{재료} (1인분)
에스프레소…30cc | 스팀밀크…130cc 정도

인기 애완견 퍼그를 만들어봅시다. 익살스러운 얼굴과 처진 귀로 딴청을 부리는 분위기를 연출해보세요.

1 컵에 에스프레소를 따른다. 컵을 왼손에 들고 살짝 앞쪽으로 기울인다. 에스프레소의 중앙을 겨냥하여 주전자로 스팀밀크를 따른다.

2 커피의 드면이 컵의 절반에 다다르면 주전자를 컵에 가까이 댄다. 주전자와 컵이 부딪힐 정도까지 가까이 대고 우유를 얹는다.

3 주전자를 뒤쪽으로 미끄러지듯 조금만 움직여 안으로 살짝 절개선을 넣고 주전자를 들어 하트의 변형을 만든다. 이것이 퍼그의 얼굴이 된다.

4 우유 거품을 숟가락으로 떠서 절개선 다래에 놓고 퍼그의 혀를 만든다. 숟가락을 수직으로 세워 혀의 형태가 되도록 정리한다.

  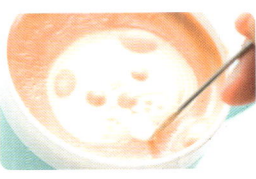

5 숟가락으로 크레마를 떠서 수직으로 세워 귀를 그린다. 퍼그 특유의 분위기가 풍겨 나오도록 처진 귀로 귀엽게 마무리한다.

6 송곳으로 크레마를 떠서 퍼그의 눈이나 코 등을 그려넣는다. 섬세한 선을 그릴 때는 송곳을 우유의 표면에 미끄러지듯 움직인다.

point! 무턱대고 우유에 그림을 그리는 것이 걱정스러운 사람에게는 종이에 그린 도안을 보면서 작업하는 방법을 추천해요!

7 송곳으로 크레마를 떠서 눈썹이나 코 위의 주름을 그려넣는다. 섬세한 선을 그릴 때는 송곳을 수직으로 얇게 찔러 움직이면 능숙하게 그릴 수 있다.

8 판다 *panda*

* 동그란 얼굴과 살짝 처진 눈에 마음이 치유되는 느낌!

 8 판다를 만드는 법

〈재료〉(1인분)
에스프레소····30cc | 스팀밀크····30cc 정도

흑과 백의 두 색으로 표현할 수 있는 판다는 라떼아트에 특히 어울립니다. 동글동글한 인상을 살려 완성하세요.

1 컵에 에스프레소를 따른다. 컵을 왼손에 들고 살짝 앞쪽으로 기울인다. 에스프레소의 중앙을 겨냥하여 주전자로 스팀밀크를 따른다.

2 커피의 표면이 컵의 절반에 다다를 때까지 따른다. 컵 안에서 우유 거품이 대류하기 쉽도록 주전자를 가볍게 흔들면서 따른다.

3 커피의 표면이 컵의 절반에 다다르면 주전자를 컵에 가까이 댄다. 주전자와 컵이 부딪힐 정도까지 가까이 대고 우유를 얹는다.

4 주전자를 뒤쪽으로 미끄러지듯 조금만 움직여 안으로 살짝 절개선을 넣고 주전자를 올려 변형된 하트를 만든다. 이것이 판다의 얼굴이 된다.

5 크레마를 뜬 숟가락을 수직으로 세우고 눈과 귀를 그린다. 판다 특유의 분위기가 나오도록 살짝 처진 눈으로 온순한 인상을 연출하여 마무리한다.

6 송곳으로 크레마를 떠서 판다의 코, 입 등 표정을 그려 넣는다. 섬세한 선을 그릴 때는 송곳이 우유의 표면에 미끄러지듯 움직인다.

7 송곳으로 우유 거품을 떠서 눈에 반사광을 넣는다. 눈에 큼지막한 반사광을 놓으면 한층 귀엽게 마무리된다.

point!
우유 거품을 사용하여 큼지막한 반사광을 눈 안에 넣으면 판다의 독특한 귀여움을 표현할 수 있어요

9 토끼 rabbit

*사랑하는 마음을 미니하트에 담아 ♥

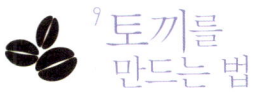 토끼를 만드는 법

《재료》 (1인분)
에스프레소···30cc | 스팀밀크···130cc 정도

'하트'와 '원'의 조합으로 귀여운 토끼가 완성. 작은 하트를 덧붙이면 사랑스러워요!

1 컵에 에스프레소를 따른다. 컵을 왼손에 들고 살짝 앞쪽으로 기울인다. 에스프레소의 중앙을 겨냥하여 주전자로 스팀밀크를 따른다.

2 커피의 표면이 컵의 절반에 다다를 때까지 따른다. 컵 속에서 우유 거품이 더뚜하기 쉽도록 주전자를 가볍게 흔들면서 따른다.

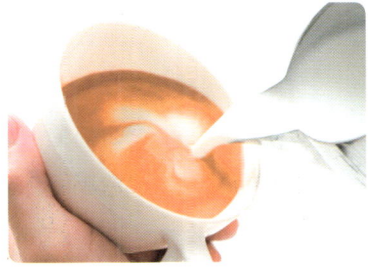

3 커피의 표면이 컵의 절반에 다다르면 주전자를 컵에 가까이 댄다. 주전자와 컵이 부딪힐 정도까지 가까이 대고 우유 거품을 얹는다.

4 주전자를 좌우로 2~3회 가볍게 흔들면서 우유를 따른다. 컵이 가득 차면 서서히 컵을 수평으로 놓는다.

5 주전자를 원의 앞쪽에서 뒤쪽까지 똑바로 미끄러지듯 움직인다. 하트의 흔태가 될 때까지 똑바로 주전자를 이동시킨다.

6 주전자를 컵에 가까이 대고 우유 거품을 얹어 원을 만든다. 하트와 같은 크기가 되도록 신경 쓰자.

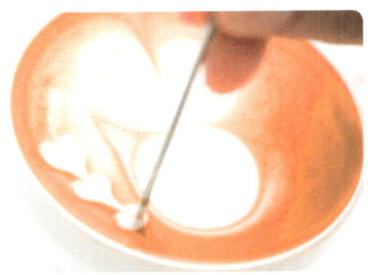

7 숟가락을 사용하여 왼쪽에 우유 거품을 같은 간격으로 세 번 놓는다. 연결하듯이 뒤쪽에서 앞쪽을 향해 송곳으로 그어 미니 하트를 만든다.

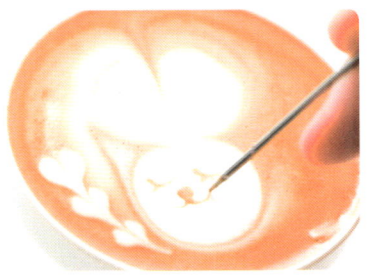

8 송곳으로 크레마를 떠서 사랑스런 토끼의 표정이나 귀 등을 그린다. 섬세한 선을 그릴 때는 송곳이 우유의 표면에 미끄러지듯 움직인다.

point!
하트보다 원이 커지지 않도록 주의! 만약 원이 커져 버렸다면 금붕어(p. 76)로 바꾸는 방법도 있어요.

Latte art talk 2

바리스타란?

손님을 접대하는 직원에서 바리스타의 세계로 뛰어든 하루나 씨.
시련 속에서 발견한 보람과 재미,
그리고 바리스타의 일상을 소개했습니다.

과자가 좋아 본래 파티시에를 꿈꾸었던 하루나 씨. 가게에서 바리스타를 지원하는 직원을 찾고 있다는 소리를 듣고 가벼운 마음으로 도전한 것이 바리스타가 된 계기가 되었습니다. 그녀는 웃으며 이렇게 말합니다.
"실은 휴일에는 홍차를 마셔요. 커피를 마시면 왠지 일하는 기분이 들거든요."

 "진짜 맛있어요!"라는 칭찬을 들을 때 가장 기쁩니다

'클럽 하리에'에는 대학생 때 아르바이트생으로 들어와 졸업 후 정식으로 입사했습니다. 바리스타가 된 것은 입사 2년째의 일입니다. 신입사원 시절에는 실수 투성이었지만 힘들게 만든 커피를 마시고 손님이 만족하거나 "맛있네요"라고 칭찬을 들을 때마다 '더 잘해야지'라는 의욕이 솟아납니다. 바리스타는 실패를 포함한 많은 경험을 통해 배우고 성장하는 직업입니다. 지금도 주 2~3회, 3~4시간 정도 꾸준히 연습하고 있습니다.
하루 동안 가게에서 만드는 라떼아트는 평일 50잔, 주말에 80잔 정도입니다. 작품을 지정하는 손님은 거의 없고 "귀여운 그림이면 돼요"라고 주문하는 손님이 대부분입니다. 때론 "샤라쿠(일본 에도 시대의 풍속 화가 - 옮긴이)의 풍속화를 그려주세요"라는 깜짝 놀랄 만한 주문이 들어오는 경우도 있어서 매일이 도전입니다. 세계대회에서 우승하고 나서는 '일본의 봄'을 주문하는 손님도 늘었습니다. 바리스타에 흥미가 있다면 여러 가게에 가보고 커피를 마시면서 바리스타와 마음을 나누어보기 바랍니다.

Part 4
아이디어 라떼아트

idea latte art

아이디어에 따라 한층 **독특**하고 **재미**있는 작품을 만들 수 있습니다.
카페오레와 우유 거품으로도 손쉽게 **라떼아트**를 즐길 수 있습니다.

1 버찌 cherry
*여심을 흔드는 라떼아트

2 클로버 clover
*그리기만 해도 다가오는 행운?!

¹ 버찌를 만드는 법

〈재료〉 (1인분)

에스프레소···30cc │ 스팀밀크···130cc 정도 │ 에스프레소에서 뜬 크레마···약간

카페오레와 우유 거품으로 손쉽게 라떼아트를. 영원한 여자의 상징 '버찌'에 도전하세요!

1 에스프레소와 스팀밀크로 카페오레를 만든다. 우유 거품을 숟가락으로 떠서 버찌의 열매처럼 보이도록 커피의 표면에 두 번 놓는다.

point!
좌우로 버찌 열매 크기에 차이를 주면 변화가 느껴지고 친근한 인상을 줄 수 있어요.

2 우유 거품을 숟가락으로 떠서 버찌의 잎을 만든다. 숟가락을 수직으로 세워 사용하면 잎의 세밀한 형태를 그리기 쉽다.

3 우유 거품을 송곳으로 펴서 줄기를 만든다. 두 줄기와 잎의 균형을 고려하여 그린다. 송곳은 깊게 찌르지 말고 표면을 미끄러지듯 움직인다.

4 미리 떠둔 크레마를 송곳에 묻혀 줄기와 열매의 경계 부분을 덧그린다. 살짝 덧그리면 전체적인 모양이 균형 있게 완성된다.

² 클로버를 만드는 법

〈재료〉 (1인분)

에스프레소···30cc │ 스팀밀크···130cc 정도

단순하지만 멋진 작품 '클로버'는 송곳이 있으면 특별한 기술 없이도 만들 수 있습니다.

1 에스프레소와 스팀밀크를 넣고 카페오레를 만든다. 컵의 왼쪽에 우유 거품을 네 번 얹고 오른쪽에 작게 네 번 얹는다.

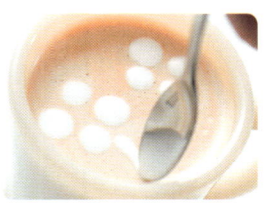

2 주전자에 남은 우유 거품을 숟가락으로 떠서 왼쪽만 줄기를 만든다. 숟가락을 수직으로 세워 사용하면 줄기를 그리기 쉽다.

3 우유 거품의 바깥쪽에서 안쪽을 향해 송곳으로 그어 클로버의 잎을 만든다. 각각의 잎이 달라붙지 않도록 단들면 아름답게 완성된다.

point!
우유 거품을 한 번 그을 때마다 행주로 송곳을 닦으면서 작업하면 깨끗하게 마무리됩니다.

3 꽃 flower
*단조로운 색조가 빚어내는 아름다움

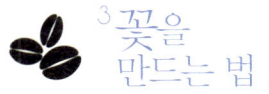

3 꽃을 만드는 법

{재료} (1인분)

에스프레소…30cc | 스팀밀크…130cc 정도 | 에스프레소에서 뜬 크레마…약간

간단해도 의외로 아름다운 작품: 우유 거품과 크레마로 카페오레에 가녀린 꽃을 피우세요.

1 에스프레소와 스팀밀크로 카페오레를 만든다. 커피의 표면 왼쪽에 우유 거품을 큼직하게 다섯 번 얹고 오른쪽에 겹치지 않도록 조그맣게 네다섯 번 얹는다.

point!
좌우로 꽃잎의 수를 다르게 하면 분위기가 색다르게 변합니다. 각자 궁리하여 자신만의 아름다운 꽃을 그려보세요.

2 우유 거품을 안쪽에서 바깥쪽을 향해 송곳으로 그어 꽃잎을 만든다. 그슬 달린 송곳을 사용하면 꽃잎의 형태를 만들기 쉬워서 편리하다.

3 미리 떠둔 크레마를 송곳에 묻혀 꽃의 중앙에 꽃술을 그린다. 송곳은 깊게 찌르지 않고 표면을 미끄러지듯 움직인다.

4 미리 떠둔 크레마를 송곳에 묻혀 표면을 미끄러지듯 움직여 줄기와 잎을 그린다. 자유롭게 쓱쓱 자신만의 꽃을 그려보자.

point!
크레마를 송곳에 묻혀 선을 많이 그릴 때는 송곳을 닦으면서 작업하면 완성된 모습이 깔끔합니다.

4 러시아 목각인형 마트료시카 *matryoshka doll*

* 더없이 소박하고 귀여운 모습

⁴마트료시카를 만드는 법

{재료} (1인분)
에스프레소…30cc | 스팀밀크…130cc 정도

원을 응용해서 만드는 라떼아트. 형태가 무너져도 수정하기 쉬워 편하게 도전할 수 있어요!

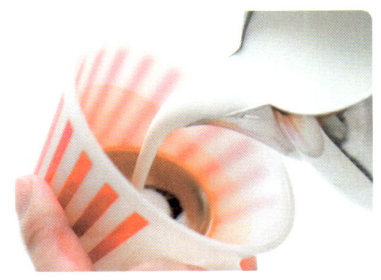

1 컵에 에스프레소를 따른다. 컵을 왼손에 들고 살짝 앞쪽으로 기울인다. 에스프레소의 중앙을 겨냥하여 주전자로 스팀밀크를 따른다.

2 커피의 표면이 컵의 절반에 다다르면 주전자를 컵에 가까이 댄다. 주전자와 컵이 부딪힐 정도까지 가까이 대고 우유를 얹는다.

3 서서히 컵을 수평으로 돌리고 주전자를 뗀다. 앞쪽에 생긴 우유 거품의 흰 원이 마트료시카의 머리 부분이 된다.

4 주전자를 뒤쪽으로 이동시킨다. 주전자를 컵에 가까이 대서 커피의 표면에 우유 거품을 얹고 또 하나의 원을 만든다. 이것이 마트료시카의 몸 부분이 된다.

5 주전자에 남은 우유 거품을 숟가락으로 떠서 전체적인 형태를 가다듬는다. 원이 깨끗하게 만들어지지 않았다면 이때 수정하자.

point!
주전자를 들어 올릴 때 살짝 안쪽으로 기울이세요. 우유가 깔끔하게 끊어지고 아름다운 원이 생깁니다.

6 송곳으로 크레마를 떠서 스카프와 얼굴을 그린다. 송곳으로 크레마의 표면을 미끄러지듯 움직이면 크레마를 많이 묻힐 수 있다.

5 금붕어 goldfish

*수조로 변신한 컵

 금붕어를 만드는 법

〈재료〉 (1인분)
에스프레소…30cc | 스팀밀크…130cc 정도

원과 하트로 만드는 작품. 조합은 토끼(p. 66)와 동일. 하트보다 원을 크게 만드세요!

1 컵에 에스프레소를 따른다. 컵을 왼손에 들고 조금 앞쪽으로 기울인다. 에스프레소의 중앙을 겨냥하여 주전자로 스팀밀크를 따른다.

2 커피의 표면이 컵의 절반에 다다를 때까지 따른다. 컵 안에서 우유 거품이 대류하기 쉽도록 주전자를 가볍게 흔들면서 따른다.

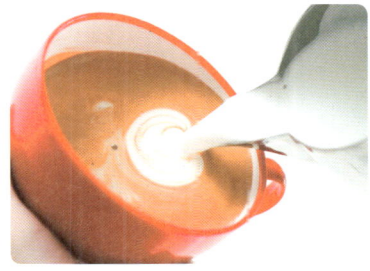

3 커피의 표면이 컵의 절반에 다다르면 컵에 주전자를 가까이 대고 우유를 얹는다. 주전자를 좌우로 2~3회 흔들면서 따라 하트를 만든다.

4 주전자를 뒤쪽으로 이동시킨다. 주전자를 컵에 가까이 대고 우유 거품을 얹어 하트보다 큰 원을 만든다. 이것이 금붕어의 몸 부분이 된다.

5 송곳으로 크레마를 떠서 눈이나 비늘을 그린다. 섬세한 선을 그릴 때는 송곳을 깊게 찌르지 않고 우유의 표면을 미끄러지듯 움직인다.

6 송곳에 우유 거품을 묻혀 물거품을 그린다. 구슬 달린 송곳을 사용하면 물거품을 그리기 쉬워 편리하다. 물거품을 그리면 금붕어가 살아 숨 쉬는 듯 생생하게 느껴진다.

point!

하트보다 원을 크게. 만일 하트와 원이 같은 크기가 된다면 도중에 토끼로 변경할 수도 있어요.

6 해골 skull

*오싹하면서 귀여운 라떼아트

6 해골을 만드는 법

{재료} (1인분)
에스프레소…30cc | 스팀밀크…130cc 정도

간단하고 인상적인 작품. 표정을 궁리하여 자신만의 개성이 담긴 해골을 만들어보세요.

1 컵에 에스프레소를 따른다. 컵을 왼손에 들고 조금 앞쪽으로 기울인다. 에스프레소의 중앙을 겨냥하여 주전자로 스팀밀크를 따른다.

2 커피의 표면이 컵의 절반에 다다를 때까지 따른다. 컵 안에서 우유 거품이 대류하기 쉽도록 주전자를 가볍게 흔들면서 따른다.

3 커피의 표면이 컵의 절반에 다다르면 컵에 주전자를 가까이 대고 우유 거품을 얹은 다음, 서서히 컵을 수평으로 놓으면서 주전자를 들어 올려 원을 만든다.

4 남은 우유 거품을 숟가락으로 떠서 해골 위에 가로로 길게 얹고 뼈의 형태로 라인을 잡는다. 숟가락을 수직으로 세워 사용하면 그리기 쉽다.

5 송곳으로 크레마를 떠서 해골의 얼굴을 그린다. 섬세한 선을 그릴 때는 송곳을 얕게 찔러 우유의 표면을 미끄러지듯 움직인다.

6 해골의 얼굴을 그릴 때 우유 거품을 송곳으로 떠서 눈에 반사광을 넣으면 표정이 생생하고 귀여운 해골이 완성된다.

point!
시간이 지나면 스팀밀크의 거품과 액체가 분리되는 경우도 있습니다. 먼저 숟가락으로 섞고 나서 사용하세요!

⁷딸기 strawberry

*보기만 해도 소녀처럼 설레는 라떼아트

딸기를 만드는 법

{재료} (1인분)

에스프레소…30cc | 스팀밀크…130cc 정도 | 에스프레소에서 뜬 크레마…약간

귀여운 과일 '딸기'는 카페오레에 그리는 추천 라떼아트. 아이들도 쉽게 그릴 수 있어요!

1 에스프레소와 스팀밀크로 카페오레를 만든다. 우유 거품을 숟가락으로 떠서 표면에 두 번 얹고 딸기 형태를 잡는다.

2 미리 떠둔 크레마를 숟가락으로 떠서 꼭지를 만든다. 꼭지가 너무 크면 뚜껑으로 보이지 않으니 주의하자.

3 미리 떠둔 크레마를 송곳이 묻히고 수직으로 찔러 딸기의 씨를 그려넣는다. 씨의 간격을 균형 있게 그려넣는다.

point!

딸기의 씨를 그릴 때는 송곳을 얕게 찌르기 바랍니다. 작은 점을 그리면 딸기 특유의 싱그러운 분위기가 돋보여 귀엽습니다.

8 순록 reindeer
*간단하지만 멋스러운 작품!

9 이름표 name plate
*누구든 기뻐할 작품!

8 순록을 만드는 법

{재료} (1인분)
에스프레소…30cc | 스팀밀크…130cc 정도 | 캐러멜 시럽…적당량

시럽으로 만드는 라떼아트는 간단하면서도 눈에 띕니다. 시럽으로 뿔을 표현한 순록에 도전하세요.

1 컵에 에스프레소를 따른다. 컵을 왼손에 들고 조금 앞쪽으로 기울인다. 에스프레소의 중앙을 겨냥하여 주전자로 스팀밀크를 따른다.

2 커피가 컵의 절반에 다다를 때까지 따른다. 컵 안에서 우유 거품이 대류하기 쉽도록 가볍듯 흔들면서 따른다.

3 커피가 컵의 절반에 다다르면 주전자를 컵에 가까이 댄다. 주전자와 컵이 부딪힐 정도까지 가까이 대고 우유를 얹는다.

point! 주전자를 들어 올릴 때 살짝 안쪽으로 기울이세요. 우유가 깔끔하게 끊어지고 아름다운 원에 생깁니다.

4 주전자에 남은 우유 거품을 숟가락으로 떠서 원의 앞쪽에 얹어 머리 부분을 만든다. 숟가락을 수직으로 세워 사용하면 섬세한 작업을 하기 쉽다.

5 캐러멜 시럽으로 원의 오른쪽과 왼쪽에 활을 그리듯이 물결선을 그린다. 단번에 그려야 완성된 모습이 깔끔하다.

6 캐러멜 시럽으로 눈과 코를 그린다. 비닐로 만든 짤주머니라면 섬세한 작업을 하기 쉽다. (짤주머니를 만드는 법은 p. 19 참조)

7 송곳으로 물결선의 가운데를 양쪽에 한 번씩 앞에서 뒤로 긋는다. 이렇게 순록이 완성!

---

9 이름표를 만드는 법

{재료} (1인분)
에스프레소…30cc | 스팀밀크…130cc 정도 | 캐러멜 시럽…적당량

'이름표'는 쉽고 재미있게 만들 수 있는 라떼아트. 기술이 필요하지 않으니 시도해보세요!

1 컵에 에스프레소를 따른다. 컵을 왼손에 들고 조금 앞쪽으로 기울인다. 에스프레소의 중앙을 겨냥하여 주전자로 스팀밀크를 따른다.

2 커피의 표면이 컵의 절반에 다다를 때까지 따른다. 컵 안에서 우유 거품이 대류하기 쉽도록 주전자를 가볍게 흔들면서 따른다.

3 커피의 표면이 컵의 절반에 다다르면 주전자를 컵에 가까이 댄다. 주전자와 컵이 부딪힐 정도까지 가까이 대고 우유를 얹는다.

4 캐러멜 시럽으로 원의 주위를 한 바퀴 돌려 물결선으로 감싼다. 도중에 멈추지 말고 한 획으로 단번에 그리는 것이 아름답게 완성하는 요령.

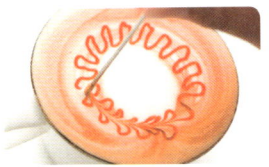 

5 원의 주위에 그린 물결선의 중앙을 송곳으로 한 바퀴 돌려 긋는다. 이때도 멈추지 말고 한 획으로 선을 긋듯 단숨에 완성하면 깔끔하다.

6 원 안에 상대의 이름을 쓴다. 비닐 짤주머니를 사용하면 섬세한 글자를 쓰기 쉬워 편리하다. (짤주머니를 만드는 법은 p. 19 참조)

point! 짤주머니를 연필처럼 잡으세요. 일단 그리기 시작하면 선이 끊어지지 않도록 한 획으로 단숨에 그리세요!

10 하트로 된 원 *the circle heart*
*단순하지만 귀여운 라떼아트!

11 하트로 된 줄기 *the branch of heart*
*성숙하면서 귀여운 분위기를 연출

10 하트로 된 원을 만드는 법

{재료} (1인분)
에스프레소…30cc | 스팀밀크…130cc 정도 | 캐러멜 시럽…적당량

카페오레. 거품우유. 시럽으로 그리는 간단한 라떼아트! 생크림을 사용하면 더욱 간편합니다.

1 에스프레소와 스팀밀크로 카페오레를 만든다. 우유 거품을 숟가락으로 떠서 커피 표면에 같은 간격으로 삼각으로 세 번 놓는다.

2 우유 거품과 캐러멜 시럽이 교대로 배치되도록 우유 사이에 짤주머니로 캐러멜 시럽을 세 번 놓는다.

3 우유 거품과 캐러델 시럽을 송곳으로 한 바퀴 돌려 긋는다. 도중에 멈추지 말고 한 획으로 단번에 그린다.

> **point!**
> 캐러멜 시럽은 우선 윤곽을 그리고 나서 안을 빈틈 없이 칠하면 깨끗한 원이 됩니다.

11 하트로 된 줄기를 만드는 법

{재료} (1인분)
에스프레소…30cc | 스팀밀크…130cc 정도 | 캐러멜 시럽…적당량

카페오레에 그리는 얌전하고 성숙한 라떼아트. 놀랄 정도로 간단하니 적극 추천합니다.

1 에스프레소와 스팀밀크로 카페오레를 만든다. 우유 거품을 숟가락으로 떠서 커피의 표면에 같은 간격으로 세로로 세 번 놓는다.

2 캐러멜 시럽을 오른쪽에 두 번 얹는다. 캐러멜 시럽은 우선 윤곽을 그리고 나서 안을 빈틈없이 채우면 깔끔한 원이 탄생한다.

3 왼쪽의 우유 거품과 오른쪽의 캐러멜 시럽을 각각 송곳으로 활을 그리듯 긋는다. 송곳을 닦으면서 작업하면 깨끗하게 마무리된다.

> **point!**
> 우유 거품을 놓는 크기와 방식이 관건입니다. 아름다운 모양을 염두에 두고 균형을 고려하여 커피의 표면에 놓아보세요.

12 화환 wreath
*'잎'을 사용하여 천사의 날개를 연상

13 크리스마스트리 christmas tree
*크리스마스가 아니라도 시도해보고 싶은 작품!

12 화환을 만드는 법

{재료} (1인분)
에스프레소···30cc | 스팀밀크···130cc 정도

잎을 사용하여 아름다운 화환을 그려봅시다. 균형감이 필수인 상급자 레벨.

1 컵에 에스프레소를 따른다. 에스프레소의 중앙을 겨냥하여 스팀밀크를 따르고 커피의 표면이 절반에 다다르면 컵 앞쪽으로 잎을 만든다.

2 주전자를 좌우로 흔들면서 흔드는 폭을 서서히 좁혀 이동시킨다. 주전자를 높이 들고 미끄러지듯 움직이면서 잎을 완성한다.

point!
잎을 만드는 위치에 주의! 컵의 손잡이가 오른쪽으로 온다는 사실을 염두에 두고 처음부터 균형을 고려하여 만드세요.

3 컵의 뒤쪽에 또 하나의 잎을 만든다. 첫 번째 잎과 같은 크기로 균형을 이루도록 주의하여 그린다.

4 두 번째 잎의 형태가 만들어지면 주전자를 높이 들어 미끄러지듯 움직이면서 줄기 부분을 만들고 두 번째 잎을 완성한다. 이것으로 화환의 틀이 완성.

5 주전자에 남은 우유 거품을 숟가락으로 떠서 두 잎이 만나는 곳에 같은 크기로 두 번 얹고 각각 종의 형태로 다듬는다.

6 송곳으로 크레마를 떠서 종처럼 보이도록 덧그린다. 송곳으로 크레마의 표면을 미끄러지듯 움직이면 크레마를 많이 묻힐 수 있다.

13 크리스마스트리를 만드는 법

{재료} (1인분)
에스프레소···30cc | 스팀밀크···130cc 정도

조심스럽게 그리면 초보자도 실패하지 않는 작품! 에스프레소에 당신만의 트리를 그려보세요.

1 에스프레소와 스팀밀크로 카페오레를 만들고 우유의 거품으로 트리의 윤곽을 그린다. 숟가락을 수직으로 세우면 작업하기 쉽다.

2 트리의 안을 우유 거품으로 칠한다. 숟가락을 가로로 움직이면서 칠하면 효율적으로 채울 수 있다. 얼룩이 생기지 않도록 주의하자.

3 숟가락을 수직으로 세워 받침대의 윤곽을 그린다. 우유로 직선을 그릴 때는 숟가락을 직각으로 세워 사용하면 그리기 쉽다.

4 받침대 안을 벽돌이 쌓인 형태로 덧그린다. 사진처럼 3단 정도로 나눠 선을 번갈아 그리면 벽돌처럼 보인다.

5 우유 거품을 커피 표면에 얹고 눈송이를 만든다. 이때 구슬 달린 송곳을 사용하면 편리하다. 양옆에 같은 수의 원을 두면 균형이 잡힌다.

6 트리의 가장 위에 얹은 우유 거품을 송곳으로 펴서 별 모양으로 가다듬는다. 구슬 달린 송곳을 사용하면 형태를 그리기 쉬우므로 편리하다.

point!
트리 다운 분위기가 나오도록 가능한 한 뾰족한 별을 만들어 달아보세요. 송곳을 수직으로 세워 사용하는 것이 요령.

14 달팽이 snail

*재미있는 소용돌이 무늬!

 **14 달팽이를 만드는 법**

{재료} (1인분)
에스프레소…30cc | 스팀밀크…130cc 정도 | 캐러멜 시럽…적당량

간단하지만 보기만 해도 즐거운 라떼아트. 캐러멜 시럽을 초콜릿 시럽으로 바꾸어도 OK.

1 컵에 에스프레소를 따른다. 컵을 왼손에 들고 살짝 앞으로 기울인다. 에스프레소의 조금 오른쪽을 겨냥하여 주전자로 스팀밀크를 따른다.

2 커피가 컵의 절반에 다다르면 주전자와 컵이 부딪힐 정도까지 가까이 대고 커피의 표면에 우유를 얹는다. 컵을 서서히 수평으로 돌린다.

3 주전자를 안쪽으로 살짝 길면서 들어 올리면 예쁜 원이 된다. 만일 형태가 무너지면 주전자에 남은 우유 거품으로 다듬는다.

4 우유 거품을 숟가락으로 떠서 달팽이의 머리가 될 부분을 그린다. 숟가락을 수직으로 세워 사용하면 그리기 쉽다.

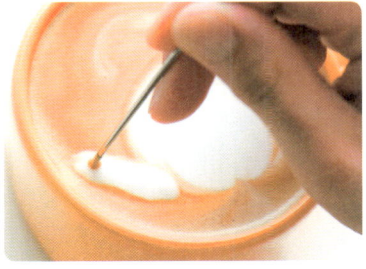

5 송곳으로 크레마를 떠서 달팽이의 눈을 그린다. 캐러멜 시럽으로 눈을 그려도 OK. 눈을 작게 그리면 익살스러운 분위기로 마무리된다.

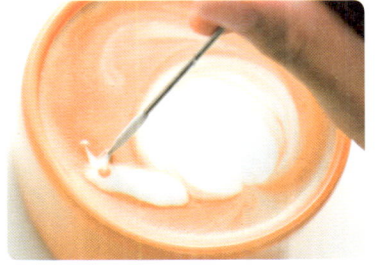

6 송곳으로 우유의 거품을 떠서 달팽이의 촉각을 만든다. 송곳을 수직으로 얕게 찌르면 섬세한 선을 그릴 수 있다.

7 캐러멜 시럽으로 소용돌이를 그린다. 짤주머니를 사용하면 섬세한 작업에 용이하다. (짤주머니 만드는 법은 p. 19) 소용돌이의 끝은 아래쪽을 향한 상태에서 멈춘다.

point!
달팽이의 소용돌이무늬는 안에서 밖으로. 도중에 멈추지 말고 한 획으로 단번에 그리세요.

¹⁵ 막내 치이 chi

* '사장님'이라는 별명이 붙을 만큼 당당한 태도

© Purittu Matsumoto/Shufunotomo Co., Ltd.

16 차녀 스우 su
*자유분방하고 기분파인 '장난꾸러기'

17 장녀 후우 fu
*예상치 못한 행동으로 웃음을 자아내는 '엉뚱소녀'

15 막내 치이를 만드는 법

{재료} (1인분)
에스프레소…30cc | 스팀밀크…130cc 정도 | 생크림·식용색소…적당량

인기 만화 '못 말리는 3공주'를 라떼아트로 그릴 수 있습니다. 세 자매의 개성을 살려 그려보세요!

1 컵에 에스프레소를 따른다. 컵을 왼손에 들고 조금 앞쪽으로 기울인다. 에스프레소의 중앙을 겨냥하여 주전자로 스팀밀크를 따른다.

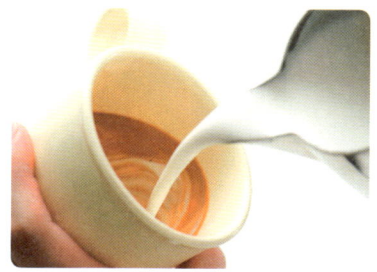

2 커피의 표면이 컵의 절반에 다다를 때까지 따른다. 컵 안에서 우유 거품이 대류하기 쉽도록 주전자를 가볍게 흔들면서 따른다.

3 커피의 표면이 컵의 절반에 다다르면 컵에 주전자를 가까이 대서 우유 거품을 얹고 서서히 컵을 수평으로 놓는다. 세 자매 얼굴의 바탕이 탄생했다.

4 주전자에 남은 우유를 숟가락으로 떠서 얼굴에 덧붙여 형태를 가다듬는다. 식빵을 거꾸로 만든 모양으로 뺨이 통통한 얼굴을 표현한다.

5 생크림에 빨간 식용 색소를 섞어 준비한다. 송곳으로 찍어 아이다운 빨간 뺨을 만든다. 이때 구슬 달린 송곳을 사용하면 편리하다.

6 송곳으로 크레마를 떠서 막내 치이의 얼굴을 그린다. 송곳을 깊게 수직으로 찌르면 크고 동그란 눈을 그릴 수 있다.

7 막내 치이의 매력 포인트인 앞머리를 두 올 그리고 입을 그려서 완성한다. 삽화를 보면서 도전해보자.

point!
세 자매의 개성에 주목! 각 캐릭터의 얼굴을 그려보세요. 막내 치이는 이마의 머리카락 두 올이 특징입니다.

<우리집 3공주>
귀여운 세 자매의 포복절도 일상을 그린 애니메이션 마쓰모토 프리츠 작

© Purittu Matsumoto/Shufunotomo Co., Ltd.

16 차녀 스우를 만드는 법

{재료} (1인분)
에스프레소…30cc │ 스팀밀크…130cc 정도 │ 생크림·식용색소…적당량

서로 닮은 얼굴형이지만 머리형과 입매에 특징이 있는 둘째 스우. 싱긋 웃는 귀여운 표정을 시도해보세요.

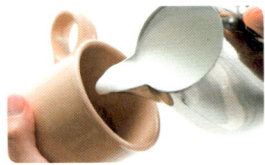

1 컵에 에스프레소를 따른다. 컵을 왼손에 들고 조금 앞쪽으로 기울인다. 에스프레소의 중앙을 겨냥하여 주전자로 스팀밀크를 따른다.

2 커피의 크(거)면이 컵의 절반에 다다를 때까지 따른다. 컵 안에서 우유 거품이 대류하기 쉽도록 주전자를 가볍게 흔들면서 따른다.

3 커디의 표면이 컵의 절반에 다다르면 컵에 주전자를 가까이 대서 우유를 얹고 서서히 컵을 수평으로 놓는다. 얼굴 완성

4 주전자에 남은 우유를 숟가락으로 떠서 얼굴에 덧붙여 형태를 가다듬는다. 식빵을 거꾸로 만든 모양으로 뺨이 통통한 얼굴을 표현한다.

5 생크림에 빨간 식용색소를 섞어 송곳으로 아이다운 빨간 뺨을 만든다. 이때 구슬 달린 송곳을 사용하면 편리하다.

6 송곳으로 크레다를 떠서 차녀 스우의 얼굴을 그린다. 섬세한 선을 그릴 때는 송곳을 얕게 찔러서 우유의 표면을 미끄러지듯 움직인다.

7 차ㄴ 스우의 매력 포인트인 싱긋 웃는 입매와 앞머리를 그리면 완성. 삽화를 보면서 도전해보자.

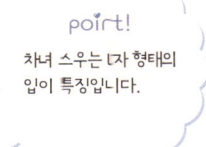

point!
차녀 스우는 ㄴ자 형태의 입이 특징입니다.

17 장녀 후우를 만드는 법

{재료} (1인분)
에스프레소…30cc │ 스팀딜크…130cc 정도 │ 생크림·식용색소…적당량

맏언니답게 두 갈래로 단정하게 묶은 머리가 인상적인 첫째 후우. 얼굴형은 다른 자매들과 거의 같아요.

1 컵에 에스프레소를 따른다. 컵을 왼손에 들고 조금 앞쪽으로 기울인다. 에스프레소의 중앙을 겨냥하여 주전자로 스팀밀크를 따른다.

2 커피의 표면이 컵의 절반에 다다를 때까지 따른다. 컵 안에서 우유 거품이 대류하기 숩도록 주전자를 가볍게 흔들면서 따른다.

3 커피의 표면이 컵의 절반에 다다르면 컵에 주전자를 가까이 대서 우유를 얹고 서서히 컵을 수평으로 놓는다. 얼굴 완성!

4 즈전자에 남은 우유를 숟가락으로 뜨고 얼굴에 덧붙여 형태를 다듬는다. 식빵을 거꾸로 만든 교양으로 뺨이 통통한 얼굴을 표현한다.

5 송곳으로 크레마를 떠서 얼굴을 그린다. 송곳으로 크레마의 표면을 미끄러지듯 움직이면 크레마를 많이 묻힐 수 있다.

6 생크림어 빨간 식용색소를 섞어 송곳으로 아이다운 빨간 뺨을 만든다. 이때 구슬 달린 송곳을 사용하면 편리하다.

7 장녀 후우의 매력 포인트인 속눈썹을 눈에 한 가닥씩 그리면 완성. 삽화를 보고 특징을 잡아 도전해보자.

point!
장녀 후우는 두 갈래로 묶은 머리와 ㅡ눈썹이 특징입니다.

Latte art talk 3

세계 라떼아트 챔피언십

경력 4년 만에 세계 최고의 바리스타가 된 멋진 하루나 씨. 그녀에게 세계대회는 어떤 경험이었을까요?

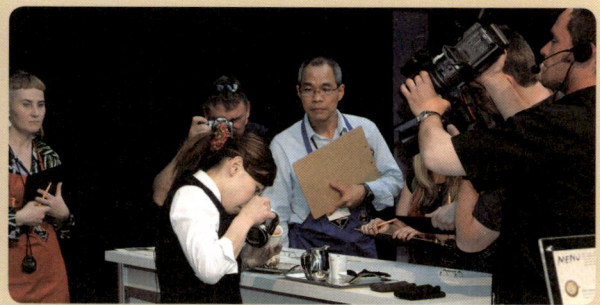

(사진 위에서 시계방향으로)
심사 전 진지한 표정으로 준비.
작품을 만드는 하루나 씨 주위에 심사원과 취재원이 있네요.
각국의 출전자들과 함께 기념촬영.
일본에서 응원하러 달려온 가족과 동료들.
이때가 바로 세계 최고가 된 순간입니다!

 긴장하지 않고 즐긴 자신에게 놀랐습니다

2010년 2월에 열린 '일본 라떼아트 챔피언십 2010'에 참가했을 때는 경연장에서 무척 긴장한 탓에 우승은 꿈도 꾸지 못했습니다. 그해 6월에 열리는 '세계 라떼아트 챔피언십 2010'의 출전권을 딴 이후로는 매일 가게가 끝나고 만족할 때까지 연습을 거듭했습니다. 가게는 다르지만 일본대회에 참가했던 다른 바리스타들과 특별 훈련을 함께하며 자극을 받았습니다. 혼자만의 힘으로는 결코 우승할 수 없었다고 생각합니다. 많은 분들의 격려와 지지에 진심으로 감사합니다.
세계대회에서는 8분의 제한시간 내에 세 종류의 라떼아트를 두 잔씩 만들었습니다. 동료와 상사, 가족이 힘을 준 덕분에 저도 놀랄 정도로 긴장하지 않고 경연을 즐길 수 있었습니다. 세계 최고라는 수식어가 부끄럽지 않도록 앞으로도 바리스타로서 공부를 게을리하지 않고 라떼아트를 통해 더 많은 손님에게 커피의 매력을 알리고 싶습니다.

Part 5
시럽아트

syrup art

시럽과 송곳을 이용하는 시럽아트는 다양한 모양을 손쉽게 표현할 수 있습니다.
여기서는 스팀밀크와 캐러멜 시럽으로 만드는 재미있는 작품을 소개합니다.

1 눈송이 snow flake

*신비한 눈의 결정을 라떼아트로

1 눈송이를 만드는 법

《재료》 (1인분)
에스프레소…30cc | 스팀밀크…130cc 정도 | 캐러멜 시럽…적당량

아이디어에 따라 손쉽게 즐길 수 있는 시럽아트. 우유 거품에 그리는 원과 선으로 눈의 결정이 완성.

1 스팀밀크를 컵에 가득 따른다. 짤주머니를 사용하여 캐러멜 시럽으로 이중 원을 그린다. 도중에 멈추지 말고 한 획으로 그린다.

2 이중 원을 둘러싸듯이 캐러멜 시럽을 이용하여 같은 간격으로 선을 세 개 그린다. 끝을 살짝 돌리듯 처리하면 깔끔하게 그릴 수 있다.

3 중앙을 기점으로 세 개의 선은 바깥쪽에서 안쪽을 향해, 그 사이의 이중 원은 안쪽에서 바깥쪽을 향해 송곳으로 긋는다. 송곳을 얕게 찌른 상태에서 똑바로 긋는다.

4 눈송이처럼 보인다. 원과 선의 수나 배치를 바꾸는 것만으로 나만의 눈송이가 완성된다. 독창적인 모양을 시도해보자!

point!
송곳으로 시럽을 그을 때마다 행주로 닦으면서 잘 업히면 깔끔하게 마무리할 수 있어요.

2 꽃 flower

*시럽아트의 마법을 걸어 꽃으로 변신!

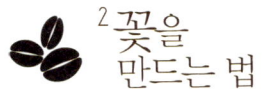

2 꽃을 만드는 법

{재료} (1인분)
스팀밀크…130cc 정도 | 캐러멜 시럽…적당량

송곳으로 긋기만 하면 삼중 원이 아름다운 꽃으로 변신합니다. 같은 간격으로 원을 그리면 한결 깔끔하게 완성됩니다.

1 스팀밀크를 컵에 가득 따른다. 짤주머니를 사용하여 캐러멜 시럽으로 삼중 원을 그린다. 멈추지 말고 한 획으로 그린다.

2 중앙을 기점으로 우선 안쪽에서 바깥쪽을 향해 송곳으로 긋는다. 송곳을 우유에 수직으로 얕게 찌르고 똑바로 그으면 깔끔하게 마무리된다.

3 사진처럼 같은 간격으로 5회 송곳으로 긋는다. 그을 때마다 송곳을 행주로 닦으면서 작업하면 깨끗하게 된다.

4 같은 간격으로 그은 선 사이에는 바깥쪽에서 안쪽을 향해 긋는다. 송곳을 우유에 수직으로 얕게 찌르고 똑바로 긋는다.

5 송곳으로 그을 때마다 행주로 닦으면서 다섯 번 반복한다. 처음에 그은 선 사이를 모두 메우면 꽃이 완성된다.

point!
마무리로 중앙에 송곳을 수직으로 찌르면 전체적인 모양이 깨끗하게 완성됩니다. 꽃잎 수는 자유롭게 결정하세요!

3 풍차 windmill
*바람의 기세를 라떼아트로 표현

4 불꽃 fire work
*여름의 추억을 컵에 담아

³ 풍차를 만드는 법

{자료} (1인분)
스팀밀크…130cc 정도 | 캐러멜 시럽…적당량

단순한 형태도 재미있는 무늬가 됩니다. 삐쳐나가는 모양으로 송곳으로 그어 힘차게 돌아가는 풍차를 표현했습니다.

1 스팀밀크를 컵에 가득 따른다. 짤주머니를 사용하여 캐러멜 시럽으로 이중 원을 그린다. 도중에 멈추지 말고 한 획으로 긋는다.

2 중앙을 기점으로 사진처럼 안쪽에서 바깥쪽을 향해 삐쳐나가게 송곳으로 긋는다-. 송곳을 우유에 얕게 찌르고 그으면 깔끔하게 마무리된다.

3 송곳을 사용하여 같은 간격으로 선을 긋는다. 가급적 촘촘하게 긋는 게 예쁘다. 송곳으로 그을 때마다 행주로 닦으면서 작업한다.

4 선의 간격이 제각각이 되지 않도록 조심하자. 송곳을 전부 긋고 나면 바람을 맞으며 힘차게 도는 풍차가 완성된다.

> **point!**
> 시럽을 긋는 각도에 따라 완성된 모습이 달라집니다. 자신만의 개성을 살려 보세요.

⁴ 불꽃을 만드는 법

{재료} (1인분)
스팀밀크…130cc 정도 | 캐러멜 시럽…적당량

송곳을 하나의 방향으로 긋기만 하면 되는 시럽아트. 간단하게 불꽃을 만들 수 있어요.

1 스팀밀크를 컵에 가득 따른다. 짤주머니를 사용하여 캐러멜 시럽으로 이중 원을 그린다. 도중에 멈추지 말고 한 획으로 그린다.

2 중앙을 기점으로 사진처럼 안쪽에서 바깥쪽을 향해 송곳으로 긋는다. 송곳을 우유에 얕게 찌르고 똑바로 그으면 깔끔하게 된다.

3 송곳으로 같은 간격에 선을 긋는다. 한 번씩 송곳으로 그을 때마다 행주로 닦으면서 작업한다. 개수는 각자의 취향대로!

4 선의 간격이 제각각이 되지 않도록 조정하면서 긋는다. 끝까지 송곳을 긋고 나면 여름의 추억이 담긴 불꽃이 완성된다.

> **point!**
> 선의 간격을 일정하게 그리는 것이 깔끔하게 완성하는 요령입니다. 완성된 모습을 머리에 떠올리며 만드세요.

5. 나선 whirlpool

* 손쉽게 그릴 수 있는 신기한 소용돌이무늬

5 나선을 만드는 법

{재료} (1인분)
스팀밀크…130cc 정도 | 캐러멜 시럽…적당량

시럽아트를 활용하여 생동감이 느껴지는 소용돌이를 그립니다. 선의 개수를 늘리면 색다른 분위기가 연출됩니다.

1 스팀밀크를 컵에 가득 따른다. 짤주머니를 사용하여 시럽으로 열십자를 그린다. 열십자 사이를 메우듯이 점차 선을 늘려간다.

2 시럽이 도중에 끊어지지 않고 같은 간격이 되도록 조정하면서 그린다. 끝을 조금 돌리듯 처리하면 깨끗한 선을 그릴 수 있다.

3 선을 전부 긋고 나면 중앙을 기점으로 안쪽에서 바깥쪽을 향해 송곳을 소용돌이 형태로 움직인다. 송곳을 수직으로 얕게 찌르고 그으면 깨끗하게 마무리된다.

4 송곳을 움직이기 시작하면 도중에 멈추지 말고 단번에 끝까지 움직인다. 송곳이 컵의 가장자리에 닿으면 나선이 완성된다.

point!
송곳을 움직이는 방식에 따라 완성된 모습이 달라집니다. 여러 가지로 시도해보세요.

point!
한꺼번에 생크림을 넣으면 끓어 넘치므로 조심하세요. 분량은 조절할 수 있지만 소량이라면 눌어붙지 않도록 유의해야 합니다. 핫케이크나 팬케이크에 뿌려 먹어도 맛있어요.

캐러멜 시럽 만드는 법

캐러멜 시럽을 손수 만든다면 그 맛이 특별해집니다! 하루나 씨가 근무하는 클럽 하리에의 레시피를 참고하여 '쌉싸래한 캐러멜'과 '달콤한 캐러멜'이라는 두 가지 시럽을 소개합니다. 만드는 법은 간단하지만 눌어붙지 않도록 주의하세요!

쌉싸래한 캐러멜 시럽 {재료} 과립설탕 …120g / 35% 생크림 …90g
• 만드는 법
1. 과립설탕을 몇 번 나누어 냄비에 넣고 주걱으로 섞으면서 약한 불로 녹인다.
2. 과립설탕을 모두 넣으면 주걱을 놓고 불을 키워 끓인다.
3. 작은 거품이 사라지고 큰 거품이 생기면 생크림을 조금씩 더하면서 휘젓는다.

달콤한 캐러멜 시럽 {재료} 과립설탕 …120g / 35% 생크림 …125g
• 만드는 법
1. 과립설탕을 몇 번 나누어 냄비에 넣고 주걱으로 섞으면서 약한 불로 녹인다.
2. 과립설탕을 모두 넣으면 주걱을 놓고 작은 거품이 나올 때까지 기다린다.
3. 작은 거품이 나오면 불을 키워 끓인다.
4. 작은 거품이 많이 나오면 생크림을 조금씩 더하면서 휘젓는다.

에스프레소 머신에 대해

초보자도 실패하지 않고 파드커피를 사용할 수 있는 에스프레소 머신을 모아보았습니다.
예산과 취향에 따라 당신의 라떼아트 파트너를 찾아보기 바랍니다.

에스프레소 머신
Dream

내장 보일러에 놋쇠를 사용한 최고급 기기. 파드커피와 분말커피를 모두 사용할 수 있습니다. 빨간색 이외에 열네 가지 색상이 있습니다.

희망소매가격 1,190,000원
소비전력 900W | 용량 1.3L | 본체 중량 7kg |
제품 크기 폭245×깊이280×높이345(mm) | 아스카소

에스프레소 카푸치노 메이커
아이코나 ECO 310

본체에 강철을 넣고 잔을 데우는 기능도 탑재된 고성능 기기. 이중구조의 노즐로 고운 우유 거품이 간단히 만들어집니다.

희망소매가격 428,000원
소비전력 1100W | 용량 1.4L | 본체 중량 4.1kg |
제품 크기 폭260×깊이290×높이315(mm) | 드롱기

콤비 커피메이커
BCO261-W(화이트)

에스프레소, 카푸치노, 드립커피의 세 가지 맛을 자유롭게 즐길 수 있는 우수한 기기. 색상은 흑과 백의 2색(국내에는 검정색만 유통).

희망소매가격 448,300원
소비전력 750W | 용량 에스프레소 1.2L, 드립 1.3L |
본체 중량 5kg | 제품 크기 폭380×깊이240×높이350(mm) | 드롱기

에스프레소 카푸치노 메이커
EC200-Y(옐로우)

파드커피와 분말커피를 모두 사용. 어느 쪽이든 폭신하고 향기롭고 맛좋은 아로마 에스프레소를 즐길 수 있습니다. 색상은 빨간색, 흰색, 노란색, 검은색(국내에는 빨강과 검정만 유통).

희망소매가격 298,000원
소비전력 1050W | 용량 1L | 본체 중량 3kg |
제품 크기 폭220×깊이270×높이320(mm) | 드롱기

파드커피에 대해

바리스타와 달리 전문적인 기술이 없어도 손쉽게 맛있는 에스프레소를 추출할 수 있는 파드커피.
매 잔마다 다채로운 맛을 즐겨도 즐겁겠지요.

MAME's / 바니 마타르 블렌드

어린 모카라고 불리는 최고봉 원두인 바니 마타르가 중심. 꽃향기와 감칠맛, 모카 특유의 산미를 즐길 수 있습니다. (국내 미출시)

Illy / 노말 로스트

세계 각국에서 높은 평가를 받는 에스프레소 브랜드. 아라비카종 100%의 세련된 풍미.

KUN / 노말 로스트

폭넓은 브랜드를 취급하는 전문점의 독자 상품. 살짝 감도는 산미와 풍부한 향미는 우유와 좋은 궁합.(국내 미출시)

@velli

이탈리아의 수많은 유명 카페에서 사랑받는 니멕스NIMEX사의 최고급 원두를 사용.(국내 미출시)

LAVAZZA / 그랑 크레마

이탈리아 4대 브랜드 중 하나. 전체적으로 산뜻한 풍미로 인기가 많습니다. (국내 미출시)

Verani

이탈리아 쿡부 코모에 거점을 둔 지역 밀착형 로스터로 대량 생산하지 않는 고집스러운 맛을 자랑. (국내 미출시)

 이 책에서는 '무세띠 로사'를 사용!

Musetti / 로사

'진정한 에스프레소'라는 평판으로 세상에 알려진 전통 토스터 블렌드 아라비카종 60%, 로브스타종 40%의 강한 쓴맛이 우유와 찰떡궁합.

Forte coffee

포르테커피에서 제안하는 홈카페 세트

www.fortecoffee.co.kr www.kaffa.com

 포르테 홈카페

가정이나 회사에서 커피전문점 수준의 다양한 음료를 만드는 데 필요한 모든 것을 갖추었습니다. 커피에서부터 시럽, 소스, 스무디, 파우더까지 (주)카파HNT에서 순수 국내 기술력으로 생산하고 있는 제품만으로 구성되어 있습니다.

포르테 홈카페 구성

1 포르테 캡슐커피머신 '레보'

추출압력 18bar | 용량 1.2L | 본체 중량 3.5kg |
제품 크기 폭180×깊이280×높이320(mm) |
내부 소재 알루미늄 (캡슐 홀더, 보일러) |
보일러 내부 특수코팅

2 포르테 캡슐커피

1) 포르테 프리미엄
- 한국인이 가장 선호하는 부드럽고 풍부한 향과 달콤한 맛

Choice Point 아메리카노 | Tasting Level Light ● ● ● ○ ○ Dark

2) 포르테 골드
- 풍부한 아로마와 다크 초콜릿을 먹은 듯한 깊은 여운이 매력

Choice Point 에스프레소 | Tasting Level Light ● ● ● ● ○ Dark

3) 포르테 클래식
- 깊고 진한 맛과 향을 바탕으로 우유가 들어가는 메뉴에 적합

Choice Point 베리에이션 | Tasting Level Light ● ● ● ● ● Dark

4) 포르테 콜롬비아
- 커피계의 신사로 불리는 콜롬비아 최상급의 수프리모만을 엄선, 부드럽고 풍부한 맛과 향을 느낄 수 있음

Choice Point 아메리카노 | Tasting Level Light ● ● ● ○ ○ Dark

5) 포르테 다크
- 대륙별 5종 커피를 배합하여 안정적인 강한 쓴맛의 향미가 특징인 다크로스팅 커피

Choice Point 베리에이션 | Tasting Level Light ● ● ● ● ● Dark

6) 포르테 아이리스
- 과일의 상큼한 산미와 중후한 바디감으로 에스프레소와 아메리카노를 마실 때 가장 부드럽고 은은한 향을 느끼게 하는 커피

Choice Point 에스프레소, 아메리카노 | Tasting Level Light ● ● ● ○ ○ Dark

1) 포르테 프리미엄   4) 포르테 콜롬비아

2) 포르테 골드   5) 포르테 다크

3) 포르테 클래식   6) 포르테 아이리스

3 포르테 우유 거품기: 라떼아트 필수품
- 전문카페의 부드러운 거품을 손쉽고 빠르게!
- 우유 150ml를 2분 안에 부드러운 벨벳거품으로
- 원버튼으로 간편하게 조작
- 간단한 버튼 조작으로 차가운 거품도 손쉽게 만들어 부드러운 아이스라떼를 즐길 수 있음
- 용기분리로 편리하고 안전하게!

4 포모나 블랙라벨 시럽 (카라멜, 헤이즐넛, 바닐라, 메이플)
- 無설탕(자일리톨, 말티톨 사용), 저칼로리 시럽
  - 자일리톨 충치균에 의해 발효가 일어나지 않아 치아 건강에 도움
  - 말티톨 설탕과 비슷한 단맛을 내지만 저칼로리며, 혈당 수치를 급속히 높이지 않아 당뇨환자를 위한 식품에도 폭넓게 사용

1) 코코렛 파우더

5 포모나 파우더: 커피전문점에서 사용되는 제품 그대로
1) 코코렛 파우더(1포/25g)
- 폴리페놀이 풍부한 양질의 코코아분말을 사용하여 초콜릿 특유의 달콤하고 쌉싸래한 맛을 냄

2) 카라멜 파우더

2) 카라멜 파우더(1포/20g)
- 달콤한 카라멜 맛이 커피음료와 완벽한 조화를 이루어 맛을 더욱 부드럽게 함

6 포르테 캡슐커피 디스펜서(직선형, 회전형) • 32~42개 캡슐 보관 거치대
7 포르테 캡슐커피 전용머그잔 • 10온스

포르테 캡슐커피 디스펜서   포르테 캡슐커피 전용머그잔

KAFFA SYS™ 최적의 캡슐커피 맛의 구현을 위하여 한국과 이탈리아의 에스프레소 커피 기술진이 개발한 캡슐커피 추출 메커니즘입니다. 그린빈 수입에서부터 캡슐커피 생산까지 철저한 품질 관리를 통하여 신선하고 안전한 제품을 소비자에게 제공하는 시스템입니다. 포르테 캡슐커피는 신선한 맛과 향을 유지하기 위하여 카파 시스템에 따라 모든 제품의 국내 생산을 원칙으로 하고 있으며, 3대륙 커피의 조화로운 맛과 향을 캡슐에 담고 있습니다.

완벽한 커피란 신선함의 차이!

제조일자 확인으로 신선한 커피의
놀라움을 경험하다

포르테커피 전속모델
박해진

완벽한 커피란 신선함의 차이 –
포르테 커피

골드   콜롬비아   클래식   프리미엄   아이리스   다크

하루나의 탐나는 라떼아트 DVD를 보는 방법

Latte art

> 라떼아트 관련서 사상 최고로 이해하기 쉬운 설명! + DVD
>
> 이 책과 함께 제공하는 DVD에서는 세계 최고의 바리스타 무라야마 하루나가
> 라떼아트를 그리는 방법을 영상으로 알기 쉽게 소개합니다.
> 책과 더불어 활용하면서 라떼아트의 세계에 빠져보세요!

[이용에 앞서 참고하기 바랍니다]
이 DVD-Video의 영상, 음성, 및 포장에 관한 모든 권리는 저작권자에게 있으며 사적인 시청만 허가됩니다. 그 이외의 사용, 즉 복제, 개정, 상영, 방송, 인터넷 등에 의한 송신, 대여(유상과 무상을 불문)하는 것은 권리자에게 막대한 손해를 끼치므로 법률에 의해 엄격하게 금지됩니다.

[주의]
이 DVD-Video는 DVD 규격을 기준으로 제작되었습니다. 반드시 DVD-Video에 적합한 플레이어로 재생하기 바랍니다. 컴퓨터나 게임기 등의 일부 기종에서는 재생되지 않는 경우가 있습니다.
디스크의 양면 모두 지문, 오염, 흠집이 남지 않도록 조심스럽게 취급하기 바랍니다. 디스크가 더러워졌을 때는 안경닦이와 같은 부드러운 천으로 안쪽 둘레에서 바깥 둘레를 향해 둥글게 손을 움직이면서 가볍게 닦아내기 바랍니다. 물이나 레코드 클리너, 세제를 이용한 세척은 삼가기 바랍니다.
균열이나 변형이 생긴 디스크, 혹은 접착제로 보수한 디스크는 플레이어에 고장이 나는 원인이 되기도 합니다. 신중하게 사용하기 바랍니다.

[보관상 주의]
직사광선이 닿는 장소나 고온다습한 장소에는 보관하지 않도록 유의하기 바랍니다. 또한 책에 끼운 채 보관하거나 위에 무거운 물건을 얹고 방치하면 변질의 원인이 됩니다. 사용 후에는 플레이어에서 꺼내 케이스에 넣고 보관하기 바랍니다.

[시청 시 주의]
이 DVD-Video를 시청할 때는 밝은 방에서 가급적 떨어져 보기 바랍니다. 장시간 계속되는 시청은 피하고 적당히 휴식을 취하기 바랍니다.

[시청 시 문제]
디스크 자체가 원인으로 여겨지는 시청 시 문제에 대해서는 다음에 소개한 문의처로 연락하기 바랍니다. 또한 플레이어가 원인으로 여겨지는 문제에 대해서는 제조회사, 혹은 판매점에 문의하기 바랍니다.

DVD-Video의 재생에 관한 문의
전화 02-338-2411 토·일·휴일을 제외한 10:00~17:00

[도서관 관계자에게]
이 DVD는 비영리 목적의 이용에 한해 관외로 대출을 허가합니다.

대출허가(도서관 한정) 대여금지 복제불가

목차 화면에서 보고 싶은 부분을 선택

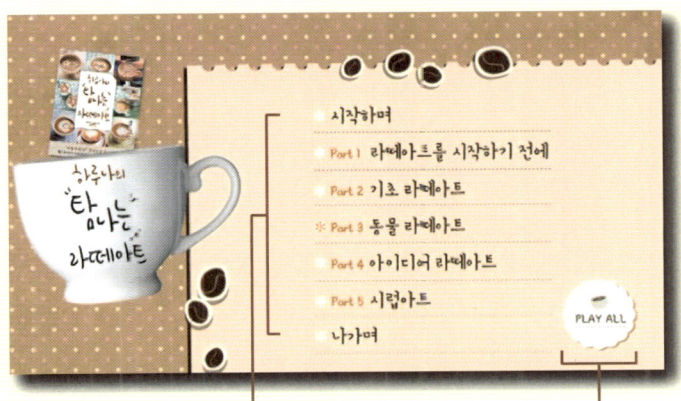

장별로 재생하고 싶을 때는
원하는 장을 선택하기 바랍니다.

처음부터 차례대로 재생하고 싶을 때는
PLAY ALL을 선택하기 바랍니다.

원하는 목록을
선택하기 바랍니다.

| 탐 나 는 스 타 일 DVD북 시 리 즈 |

간단 안주의 황홀한 유혹

❶ 강지수의 탐나는 술안주

30분이면 뚝딱 술이 맛있어지는 깡지의 비밀 레시피
술맛 아는 여자, 그래서 더욱 안주에 예민한 미각을 가진 저자가 소문난 술집보다 더 맛있는 안주 레시피를 공개한다. 독특한 메뉴들이지만 만들기가 쉽다는 것이 가장 큰 특징. 어떤 술안주를 선택하든 커다란 만족을 얻을 것이다

강지수 지음 | 280쪽 | 23,800원

뷰티블로거 유진샹의 셀프네일

❷ 유진샹의 탐나는 네일아트

5분 터치로 손이 예뻐지는 러블리 네일아트 67가지
매일 1만 5천 명 이상이 방문하는 네이버 블로그 '유진샹의 셀프네일'의 뷰티블로거인 최유진이 블로거 1천만 명이 추천한 베스트 네일아트를 선별해 소개한다. 간단히 따라 할 수 있는 쉬운 디자인에서 난이도가 있는 디자인까지 다양하게 담고 있어 무궁무진한 네일아트의 세계를 만날 수 있다. 유진샹의 깨알 팁에서는 방문자들이 자주 묻는 질문들만 골라서 셀프네일의 궁금한 것들을 속 시원히 풀어 준다.

최유진 지음 | 228쪽 | 23,800원

Latte art

하루나의 탐나는 라떼아트

세계 라떼아트 챔피언십 우승자, 무라야마 하루나의 쉽고 예쁜 라떼아트 42가지

초판 1쇄 발행 2012년 12월 17일
개정2판 1쇄 발행 2019년 6월 7일

감수 무라야마 하루나
옮긴이 이서연
펴낸이 이범상
펴낸곳 ㈜비전비엔피·이덴슬리벨

기획편집 이경원 심은정 유지현 김승희 조은아
디자인 김은주 이상재
촬영 치바 미츠루, 히로세 다츠오
마케팅 한상철 이성호 최은석
전자책 김성화 김희정 김다혜 이병준
관리 이다정

주소 121-894 서울특별시 마포구 잔다리로7길 12(서교동)
전화 02)338-2411 **팩스** 02)338-2413
홈페이지 www.visionbp.co.kr
이메일 visioncorea@naver.com
원고투고 editor@visionbp.co.kr

등록번호 제2009-000096호

ISBN 979-11-88053-50-6 (13590)

· 값은 뒤표지에 있습니다.
· 파본이나 잘못된 책은 구입처에서 교환해 드립니다.

ⓒ 무라야마 하루나, 2014
이 책은 ㈜비전비엔피가 저작권자와의 계약에 따라 발행한 것으로 저작권법에 의해 보호받는 저작물입니다.
무단전재와 복제를 금하며 내용의 일부 또는 전부를 이용하려면 반드시 저작권자와 ㈜비전비엔피의 서면동의를 받아야 합니다.

이 도서의 국립중앙도서관 출판시도서목록(CIP)은 서지정보유통지원시스템 홈페이지(http://seoji.nl.go.kr)와
국가자료공동목록시스템(http://www.nl.go.kr/kolisnet)에서 이용하실 수 있습니다.(CIP제어번호: CIP2019010729)